メルカリの前身コウゾウを設立。共同創業者の山田進太郎氏（左）と富島寛氏。2013 年 2 月ころ（メルカリ提供）

フリマアプリ「メルカリ」の提供を開始したときのチーム。2013 年 7 月（メルカリ提供）

グラデーションを取り、
「m」を見やすく

一般募集で採用したアイコン

米国版
2018年3月からの新ロゴ

米国版の開始を機に、
バブルを減らしてシンプルに
（2014年9月）

英国版
2018年7月からの新ロゴ

2018年10月末からの新ロゴ

メルカリのアイコンの変遷

最初のロゴ（2013年7月）

ダウンロードを増やすため、頻繁に変更

冬版

春版

季節でアイコンを変更

色味を明るく

米メルカリ・インクの最初のオフィス。2014 年 9 月（メルカリ提供）

「ものを売るアプリ」を強調した街頭広告を米シリコンバレーのハイウェー沿いに掲出。2018 年 6 月（鈴木智也氏提供）

2018年6月19日に東京証券取引所マザーズに新規上場した。上は東証での記念写真、下は本社で社員全員での記念写真（メルカリ提供）

世界一周

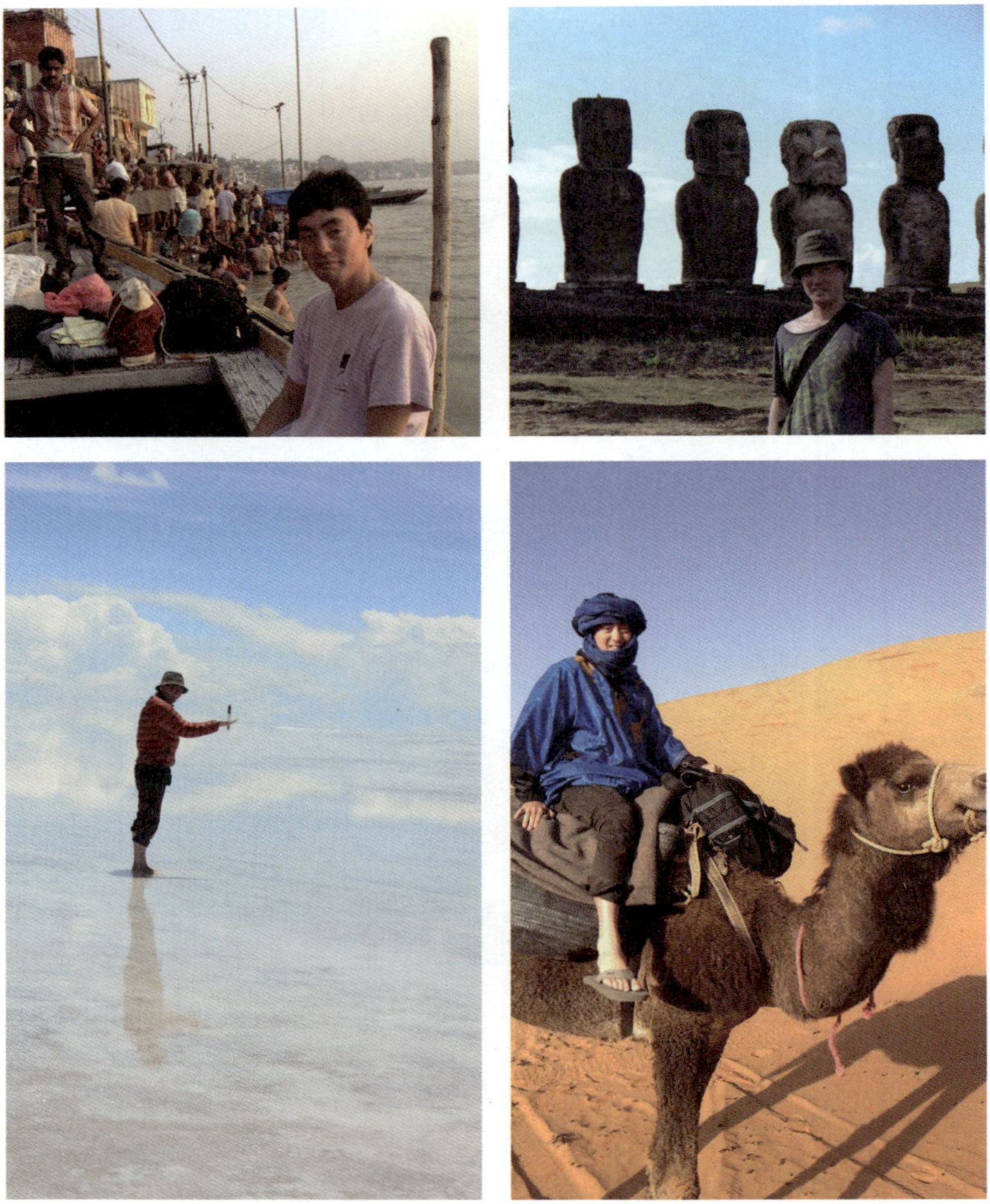

メルカリ共同創業者の山田進太郎氏はジンガジャパンを退社後、2012 年 2 月から 10 月にかけて 5 大陸 23 カ国をめぐる世界一周旅行をした。写真は、上段左から時計回りにインド、イースター島、サハラ砂漠、ウユニ塩湖（ボリビア）（メルカリ提供）

山田進太郎氏が最初に創業したウノウは当初、他社のオフィスに間借りしていた。2005年５月ころ（メルカリ提供）

山田進太郎氏、３歳ころ。愛知県で弁護士の父、税理士の母のもとで育つ（メルカリ提供）

3人の創業者

山田進太郎 氏

メルカリ共同創業者であり、代表取締役会長兼CEO

大学卒業後にウノウを創業し、米ジンガに売却。退社後に、メルカリの前身となるコウゾウを設立した。

富島寛 氏

メルカリ共同創業者

動画サービスのスタートアップを起業後、山田氏に誘われてメルカリを共同創業。

石塚亮 氏

メルカリ共同創業者

米国でゲーム開発会社を創業後、売却。メルカリの米国進出時にはCEOを務める。

本書に登場する主な人物

写真はメルカリ提供

●メルカリ社内の人物

小泉文明 氏

メルカリ取締役社長兼COO

大和証券、ミクシィの CFO を経てメルカリ入社。管理部門を担う。

濱田優貴 氏

メルカリ取締役CPO

サイブリッジ副社長を経てメルカリ入社。研究開発部門の立ち上げを指揮。

ジョン・ラーゲリン 氏

メルカリ取締役CBO兼US CEO

米フェイスブックのバイスプレジデント（VP）などを経てメルカリ入社。米国事業の成長をけん引する。

青柳直樹 氏

メルカリ取締役兼メルペイ代表取締役

グリー最高財務責任者（CFO）を経てメルカリに入社。金融事業の立ち上げを担う。

本書に登場する主な人物

メルカリ社内の人物

長澤啓 氏

執行役員CFO

三菱商事や米国の大手証券会社、ゴールドマン・サックスを経て、小泉文明氏に請われてメルカリにCFOとして入社。

伊豫《いよ》健夫 氏

執行役員

松下電器産業、野村総合研究所、リクルートを経てメルカリに入社。メルカリ・インクにおけるユーザーのエンゲージメント向上を担当後、日本でプロダクト責任者を務める。

山田和弘 氏

執行役員VP of Customer Service

ミクシィのカスタマーサービス担当を経て、メルカリに入社。ユーザーが急増するのに対応して顧客サービスセンターの整備に奔走した。

松本龍祐 氏

メルペイ取締役CPO

コミュニティファクトリーを創業し、同社の売却に伴いヤフーに入社。メルカリでは新規事業を担うソウゾウの社長に就任した。

宮上佳子 氏

デザイナー

ウノウ時代から山田進太郎氏と仕事をしており、メルカリ創業直後に入社。アイコンや画面のデザインなどを担当した。

メルカリ社外の人物

松山太河 氏

イーストベンチャーズのパートナーであり、山田進太郎氏の「唯一無二のメンター」。

堀井翔太 氏

メルカリのライバル、フリルを運営するファブリックの元社長。ファブリックを楽天に売却し、サービスの統合を担った。

メルカリ

希代のスタートアップ、
野心と焦りと挑戦の5年間

奥平和行

日経BP社

プロローグ

２０１８年6月19日。梅雨の合間の晴れ間が広がったこの日、東京・兜町の東京証券取引所の一角はいつにない熱気に包まれていた。

２階にあるホール「オープンプラットフォーム」の入り口には開場の一時間以上前から行列ができ始めた。ずらりと並ぶ記者やカメラマンが待ち構えていたのは、メルカリの共同創業者で会長兼最高経営責任者（ＣＥＯ）の山田進太郎、そして経営陣である。

この日、メルカリは東証マザーズ市場に新規上場した。山田はスマートフォンを使って個人が物品を売買するフリマアプリの市場をわずか5年で築き、かつて「ベンチャー不毛の地」とさえ呼ばれた日本で、企業価値の評価額が10億ドル（約１１００億円）を上回るユニコーン企業を育てた。

フリマアプリが若者を中心に身近になっており、さらに新進気鋭の起業家、注目の大型新規上場と話題には事欠かない。新規上場セレモニーに出席する山田たちの姿を捉えようとカメラマンはポジションの確保にしのぎを削り、空調が効いているはずのホールは暑苦しいほどだった。

午後3時、新規上場セレモニーが始まると熱気はピークを迎えた。

山田たちが100人近い報道陣の前に姿を見せると、無数のカメラのフラッシュがたかれる。喧噪と高揚のなか、メルカリは新章を迎えた。

初日のダウンロード数は400

メルカリの前身となるコウゾウという名前の企業が発足した5年前、これが日本を代表するスタートアップ企業になると予想できた人は少ないはずだ。

メルカリの発表によると、サービス開始から約一年たった2014年9月にアプリの累計ダウンロード数が500万を突破し、売買された物品の総額は月間数十億円規模に達している[1]。きわめて順調な滑り出しに見える。

共同創業者の山田がスタートアップ企業や、スタートアップに成長資金を供給するベンチャーキャピタル(VC)の間で名が売れていたこともあり、このあたりからメディアの脚光を浴びる場面が増えている。ところが、それまでの状況はお世辞にも褒められるものではなかった。

開発を率いていたエンジニアは突然離職し、使用したプログラミング言語に問題があることが分かって開発中のプロダクトをすべて廃棄することも経験した。フリマアプリでは後発であったにもかかわらず、開発スケジュールは遅れに遅れた。

スタートアップ企業の経営者は、預金通帳の残高が減っていく恐怖との戦いを余儀なくされる。メルカリはどうにか残高がゼロになる前にサービスを始められた幸運な一社だが、初日のダウンロード数はわずか400だった。

当初は広告宣伝に力を入れず、低調な立ち上がりを覚悟していた。それでも、400という数字はあんまりだった。

「何もしなくてもとれるインストール数というのがあるが、それさえ下回っていた。終わったな、と思った」。山田の誘いを受け、共同創業者として加わった富島寛は当時を振り返る。

「最初はけっこう、しょぼーんという感じだった」。もうひとりの共同創業者、石塚亮の記憶だ。

急成長

だが、メルカリは大きく成長した。

従来は未公開企業のために外部からうかがい知ることができる情報は限られていたが、新規上場のために目論見書を公開すると急成長ぶりがくっきりと浮かび上がった。

2015年6月の国内におけるアプリの累計ダウンロード数は1700万だったが、一年後には3300万、さらに翌年は5500万に増えている。新規上場の直前には7100万に達し、やや乱暴な言い方だが「ひとりで複数のアカウントを持っている」といったケースを無視すれば、日本国民の半分以上が使ったアプリになる。

インターネットを使ったサービスを評価するうえで重要な指標となる月間利用者数（MAU）や流通総額（GMV）も右肩上がりで増えていた。

四半期ごとの推移を見ていくと2014年7~9月期のMAUは80万人だったが、2018年1~3月期は1030万人へと急増した。同じ期間に流通総額も80億円から930億円あまりまで増えている[2]。

メルカリは取引に際して、売り手から販売価格の10%を手数料として徴収している。流通総額が増えるほど手数料も増加する仕組みで、2018年3月までの9カ月間の連結売上高は261億円に達していた。

こんなものまで売れるの⁉

メルカリにまず反応したのは若い女性だった。

フリーランスの立場で広報や交流サイト（ＳＮＳ）の利用支援を手がけている30代の福田有美がメルカリを使い始めたのは２０１４年のことだ。

福田は「なかなかものを捨てられないタイプ」と自己分析する。「まだ利用できるが自分ではもう使わない」という衣料品は友人にあげ、実際にフリマを開いて処分することも多かった。

アプリでフリマができると聞きつけてダウンロードし、まず出品したのは英国発のあるブランドの財布だった。数年にわたって使っていたため傷や変色があったが、ほどなくして４０００円で売れた。

靴やバッグ、服を立て続けに出品し、４年間の出品数は１０００点にのぼる。このうちおよそ８５０点に買い手がつき、売上高の合計は１００万円近くに達した。

中古品を手軽に処分できるようになり、買い物への姿勢も変化した。あらかじめ処分の方法が見えているため、「買う行為へのハードルが下がっている」というのだ。

最初は服飾雑貨や衣料品の出品が中心だったが、「こんなものまで売れるの」という驚きもあった。靴の空箱、使いかけの化粧品、アパレルブランドのファミリーセールの招待状、集めると賞品がもらえる缶ビールや清涼飲料水に付いているシール……。以前は人に譲ることが考えられなかったような不用品にも買い手がついた。

不用品があるとまず、リビングルームのフローリングの床に並べ、スマートフォンのカメラで撮影する。次にメジャーでサイズを測り、過去の取引実績を参考にしながら出品価格を決める。最後に画像やすべてのデータを入力して出品完了だ。一点の出品にかかる時間は10分ほど。出品と発送は福田の日課になった。

東京都内の人事システム開発会社に勤める20代後半の佐藤千尋もヘビーユーザーのひとりだ。

2017年夏、最初に出品したのは大学生から社会人になりたての女性をターゲットにしたブランドのワンピースだった。3年ほど前に購入したので、着用感はある。ウエストのゴムも伸び気味でややくたびれた感じだったが、8500円で買い手がついた。

購入価格の8割以上の値段で売れたことに驚いたが、しばらくすると理由が分かった。このワンピースを当時、テレビCMで有名女優が着用し、即完売になっていた。その時に欲しくても購入できなかった人が買ったようだ。

自分にとっては不要な品物でも価値を感じる人はいる——。佐藤にとって新鮮な驚きだった。

佐藤は、知人の結婚式や披露パーティに着用していくドレスの購入でも活用している。パーティの主役はもちろん自分ではないが、同じドレスは着ていきたくない。最近はフェイスブックやインスタグラムといったSNSにイベントの写真が投稿されることが増え、着回しを敬遠する傾向が強くなっている。

結婚式は多いときに、2カ月に一回の頻度でやってくる。「そのたびに、ドレスに3万円、ご祝儀に3万円、さらにヘアセットとバッグに5000円ずつ費やしていたら持たない」と佐藤。メルカリが〝救世主〟になった。

気に入ったドレスを購入して結婚式やパーティで着用し、直後に売却する。こうすれば購入時とあまり違わない価格で処分できるのだ。送料とクリーニング代のみの負担で済み、出費はレンタルよりも大幅に抑えられるという。

「新品を購入する際も将来の販売を考えてタグや値札は保存している」。佐藤は意外なことも口にした。タグなどを添付すると売れ行きがよくなるためという。同じ理由で、インターネット通販を利用する際は商品紹介の画像をスクリーンショットで保存するそうだ。

これまでマーケティングは究極的には「いかに新品を売るか」がテーマだったはずだ。だが、慶応義塾大学のビジネス・スクールでマーケティングを教える准教授の山本晶は驚きを込めて語る。

「再販を前提にきれいに使ったり、購入時のタグを捨てずにとっておいたりといった行動が広がってきた。『どう利用するか』『どう廃棄するか』が重要になり、常識が変わるかもしれない」

株式市場の熱狂

新規上場の当日、山田や経営陣には分刻みのスケジュールが用意されていた。朝イチで主幹事を務めた大和証券の本社を訪れて幹部の出迎えを受け、他の金融機関を回る。テレビ出演やメディア対応の予定も断続的に入っていた。

8日前の6月11日、公募・売り出し価格（公開価格）は仮条件の上限にあたる3000円に定めていた。国内外の投資家の反応をみて決めた水準だ。

山田、社長の小泉文明、そして米証券大手ゴールドマン・サックス出身の最高財務責任者（CFO）、長澤啓が手分けをして国内外の投資家のもとを訪れ、成長性や理念を説明して回った。3000円という水準の背景には、理解が得られているとの手応えがあった。

そして迎えた6月19日。この日の焦点のひとつは、「初値が公開価格の3000円をどれだけ上回るか」だった［3］。

午前9時に市場が開いても、個人投資家を中心とする買いが殺到してなかなか値がつかない。一時間が経過してもまだ取引は成立せず、気配値は公開価格を35％上回る4050円まで切り上がった。

初値がついたのは結局、山田たちが東京・六本木の本社に戻った午前11時すぎだった。公開価格より67％高い5000円。その後、制限値幅の上限（ストップ高）となる6000円まで上昇し、5300円で初日の取引を終えた。

時価総額は7172億円となった。メルカリが上場した東証マザーズ市場では約2300億円のミクシィを上回り、断トツの首位だった。

東証全体で見ても200位以内に入り、エプソンや東宝、ニコンといった歴史の長い企業に並んだ。

日本は米国などと比べると企業の新陳代謝が乏しく、開業率、廃業率ともに主要国の間では最も低い水準にとどまっている［4］。

大型の新規上場で目立つのもサントリー食品インターナショナルのような「脱同族企業型」、日本航空などの「再生型」、日本郵政のような「元官業型」などだ。

ベンチャー企業としては〝老舗〟にあたるリクルートホールディングスが2014年に

新規上場した例もあるが、同社も実は発足から上場までおよそ半世紀の歳月を費やしている。

メルカリのように設立から5年あまりのスタートアップ企業がこれだけ高い評価を受けるのは珍しく、株式市場、そして日本の起業の歴史に大きな足跡を残したといえる。

カテゴリーキラー

2014年7月、メルカリがサービスを始めてからちょうど一年ほどたったころのことだ。

「スマートフォンでゲームのルールが変わり、それぞれの分野で『カテゴリーキラー』が登場している」。取締役だった小泉に初めて取材で会ったとき、こんな話をしていた。

特定の分野で強みを発揮するカテゴリーキラーは、流通分野で耳にすることが多い用語だ。百貨店や総合スーパー（GMS）など「総合」を売り物にする業態が多様化する消費者のニーズに十分に応えられなくなる一方、家具のニトリ、衣料品のユニクロ、日用品の無印良品といった専門分野に特化した企業が存在感を高めた。

取材の少し前、メルカリはベンチャーキャピタル（VC）から15億円ほどの資金を調達していた。現在は日本でもスタートアップ企業が数十～100億円の資金を手にすることは珍しくなくなったが、当時は違った。「どうして大型の資金調達を実現できたのか」との問いに対する答えのひとつが、「カテゴリーキラー論」だった。

2007年、米アップルが「iPhone」を発売し、翌年には米グーグルの基本ソフト（OS）「アンドロイド」を搭載したスマートフォンが登場した。後から振り返ると、このあたりがインターネットの転機となったことが分かる。

パソコンを通じてインターネットを使っていたころ、ユーザーがまず訪れるのはヤフーなどのポータル（玄関）サイトだった。ポータルサイトの運営企業は自社で様々なサービスをそろえ、ユーザーの囲い込みを目指した。

ところがスマートフォンの普及により、こうした状況は一変する。ユーザーは好みに応じてアプリをダウンロードし、スマートフォンのホーム画面に並べられるようになった。ホーム画面が一人ひとりのインターネットの入り口になったのだ。

実際、ポータルサイトが提供していた機能を代替するアプリが続々と登場した。コミュニケーションではLINE、ニュースはスマートニュースやGunosyといった具合だ。

自社ですべての機能を提供してきたヤフーが百貨店だとすると、LINEなどはカテゴリーキラーという位置づけだ。

こうした流れが強まると、中古品の売買でもヤフーがサービスのひとつとして提供してきた「ヤフオク！」などに取って代わるアプリが登場する可能性が高まる。その有力候補がメルカリだというのが小泉の説明だった。

スマートフォンが普及し、特定の分野に特化したアプリが支持を得るという流れがメルカリの急成長を後押しした。これは紛れもない事実だが、説明としては不十分だ。

フリマアプリでは、インターネット企業のファブリック（現楽天）が運営する「フリル」が一年先行した。メルカリと相前後してＬＩＮＥやＺＯＺＯ、カカクコムといった企業が参入している。ゴルフやアニメグッズといった専門分野に特化したサービスも含めると、その数は10を下らないはずだ。

経済産業省の２０１８年４月の発表によると、２０１７年のフリマアプリの推定市場規模は４８３５億円だった。前年より58％増えており、「フリマアプリが初めて登場した２０１２年から僅か５年で５０００億円弱の巨大市場が形成された」とやや興奮気味に説明している[5]。

メルカリが公表している四半期ベースの流通総額を足し合わせると、２０１７年の流通総額は２９００億円。５０００億円市場でおよそ６割のシェアを握ったことになる。

メルカリがシェアを高めるなか、競合サービスの多くは撤退に追い込まれ、再編を迫られた事例もある。なぜ、メルカリだけが単独で急成長し、競合を圧倒する存在になれたのだろうか。

冷静の理由

東京証券取引所のオープンプラットフォームでは新規上場セレモニーが続いていた。

山田、富島、石塚の3人の共同創業者に加え、傍らにはこの日に向けて奔走してきた社長の小泉、CFOの長澤がいる。社外取締役を務める2人の姿も確認できた。ひとりは山田が「唯一無二のメンター」と呼ぶベンチャー投資家の松山太河、もうひとりは山田の20年来の友人で、スマートニュースの会長に加えて研究者の顔も持つ鈴木健だ。

米フェイスブックでバイスプレジデント（VP）などを務め、ちょうど一年前に入社したジョン・ラーゲリンもいた。

セレモニーは粛々と進められ、打鐘のセレモニーが始まる。

まず山田が単独で鐘を叩き、小泉、ラーゲリン、準備中の決済事業の責任者を務める青柳直樹、CPO（チーフ・プロダクト・オフィサー）の濱田優貴が加わった。

さらに富島ら4人、長澤を中心とする5人、設立直後に入社し、経理や人事といったコーポレート部門の立ち上げに汗をかいた掛川紗矢香たちが最後に鐘を鳴らした。

約40人の大所帯で記念撮影に臨み、山田は小泉たちと東京駅に直結したホテルに移動して記者会見した。山田はさらにメディアの単独取材に応じ、社内での記念行事に出席する。夜10時からのテレビのニュース番組への出演を経て、長い一日を終えた。

この日、山田の様子を見ていて気になったことがあった。

新規上場セレモニーの最中も記者会見の際も、そしてテレビ出演の前後もあまり笑顔を見せることはなかった。

もともと喜怒哀楽を鮮明にするタイプではなく、端から見ていても感情の変化が分かりにくい。それにしてもこの日はいつにも増して冷静だった。やや緊張しているようにも見えた。

テレビ局の控室で出番を待っているとき、モニター画面のひとつがロシアのサンクトペテルブルクで開かれていたサッカー・ワールドカップ（W杯）の試合を映し出していた。

前回ベスト8に入ったコロンビアとの対戦で日本は前半6分、香川真司のPKで先制する。メルカリの新規上場に強豪コロンビア撃破が花を添えた。朝から盛りだくさんだった6月19日、山田の感情の変化をもっとも感じられたのは香川がゴールを決めた瞬間かもしれない。

山田は1977年に生まれ、ひとつ上の学年にはいわゆる「76世代」がいる。起業家の集中する世代に属しているといえるが、このなかで山田は自他共に認める「遅咲き」だった。

メルカリの新規上場は遅れを取り戻し一気に先頭走者へと躍り出た節目と位置付けることもできるはずだが、そんな様子はうかがえなかった。ポーズなのか本心なのか。本心だとすればなぜなのか。理由を知るためには時計の針をぐっと巻き戻す必要がある。

目次

1 誤算

2010年8月6日、山田進太郎は愛用するマックブックエアを開き、ブログに載せる文章を考えていた。まもなく完成した文章はこんな書き出しで始まる。

「すでに報道されている通り、ウノウは、サンフランシスコにあるソーシャルゲーム大手ジンガによる買収のオファーを受諾しました」〔1〕

右脳は脳のなかで、創造性やひらめきをつかさどるとされてきた部位だ。そんな名前を冠した会社を山田は2001年8月、早稲田大学教育学部を卒業した翌年に設立した。

それからちょうど9年、山田は20代をともに過ごした会社が米国企業の傘下に入ったことを知らせたのだった。

「本件は、日本のインターネットベンチャーをシリコンバレーのトップクラスのインターネットベンチャーが買収する初のケースになります」。淡々としていることが多い山田らしい文章だが、行間から高揚感や少々の誇らしさがにじみ出ていた。

思わぬ起業

買収や新規上場は多くの起業家が目指す晴れがましいゴールだ。だが、山田がウノウを設立したのは、こうした「エグジット（出口）」を目指していたからではない。どちらかといえば、「物の弾み」に近かった。

大学時代にインターネットに触れてその魅力にとりつかれ、趣味として、またサークル活動などを通じてウェブサイトをつくるようになった。こうした経緯があり、当時はまだ社員が20人ほどだった楽天から内定を得るが、入社直前に辞退する。「若気の至りだった」という。

卒業後は、母校の教授が立ち上げたNPOを手伝い、フリーのエンジニアとしてウェブサイトの製作を請け負って生活費を稼いでいた。

日本の企業文化のなかではしばしばあることだが、特に大手企業は個人と契約することを嫌う傾向がある。山田も受ける仕事の規模が大きくなるにつれて法人格が必要と感じ、やむなく設立したのがウノウだった。山田の父親は弁護士、母親は税理士の資格を持つ。法人登記が比較的容易にできるという事情もあった。

こうした背景があり、長く社員を雇うことも、エンジェル（個人投資家）やベンチャーキャピタル（VC）から資金調達することもなかった。個人事務所の色彩が濃く、急成長するスタートアップ企業といった風情は感じられなかった。

「サイバーエージェントが1000人以上の規模の会社になったので、もう一度やろうと思っている。ただ自分は会社の運営はできるが、プロダクトがつくれない」

山田がこんなメールを受け取ったのは、ウノウを設立してからおよそ3年が過ぎたころだ。メールの送信者の欄を確認すると石川篤と記してあった。

石川は1998年にサイバーエージェントに最初の社員として入社し、営業や海外事業の責任者などを務めていた。山田との出会いはこの半年ほど前にさかのぼる。

山田は大学時代に「映画生活」というウェブサイトを立ち上げた。きっかけは映画のチケット料を浮かせるため、インターネットを通じて試写会のプレゼントに申し込んだことだ。

当時はまだ、こうしたキャンペーンに申し込む人が少なかったのか、しばしばただで映画観賞にありつけた。映画マニアだった山田はこれに味を占め、「試写会プレゼント情報共有サイトがあれば便利だと思い、それをつくった」という[2]。

あるときこのサイトを売却しようと思い立ち、複数のインターネット企業を回った。その過程で会ったひとりが、サイバーエージェントで社長室長を務めていた石川だった。

最終的に金額などの条件で折り合うことができず、売却話は流れる。映画生活の運営は山田が続けることになった。だが、売却を持ちかけてきた際の印象が強かったのか、石川は独立する際のパートナーとして山田を指名した。突然の誘いだったが、山田はこの話に乗った。

苦戦する「フォト蔵」

「思った通りにユーザーが伸びず、とにかく苦しかったという印象が強い」。石川の参画と同時にウノウで初となる最高技術責任者（ＣＴＯ）に就き、現在はユーチューバーのマネジメントを手がけるＵＵＵＭで技術担当の執行役員を務める尾藤正人に当時の状況を尋ねると、こう答えた。

尾藤が苦しかったと振り返るプロダクトは、交流サイト（ＳＮＳ）の機能を持った写真共有サイトの「フォト蔵」だ。

２００５年9月にウノウが発表したプレスリリースではこう説明している。

「『フォト蔵』は『写真アルバム』にＳＮＳ機能をつけた、写真共有に特化したサイトです。ユーザーは、デジタルカメラやカメラ付携帯の写真をサイト上に投稿して、【家族】・【友人】・【会社の同僚】などユーザーの好きなグループを設定することにより、各グループ内で簡単に写真を共有することが可能になります」

現在はフェイスブックなどで一般的になった機能だ。フェイスブック追撃を目指し、グーグルが開発したSNS「グーグル＋」もこうしたグループの設定を売り物にしていた。このころから米国では「フリッカー」などのサービスが流行する兆しがあり、山田はそうした状況を知っていた。

山田は石川から突然のメールを受け取るのと相前後して尾藤と出会い、写真SNSの構想を披露した。尾藤はこうしたプロダクト開発に不慣れだったが、見よう見まねでつくり始めた。山田は尾藤の仕事の速さを気に入り、2人は合流した。

ウノウはフォト蔵の利用者を増やそうと様々な策を講じた。具体的には、日記機能の追加、動画ファイルへの対応、外部サービスと連携するためのAPI（アプリケーション・プログラミング・インターフェース）の公開、写真プリント、ミニ名刺作成サービスなどだ。

英語版「PhotoZou」を始めるなど展開地域を広げ、インターネット広告も活用したが、なかなか浮上のきっかけをつかめずにいた。

試行錯誤

フォト蔵以外にも、ウノウは様々なプロダクトをつくった。

・クイックPOPFile…迷惑メール対策ソフト
・ウノウサーチ…検索ツールバー
・ビデオポップ…賞金付モバイル動画共有サイト
・sugu.CC…携帯電話向けの無料メーリングリスト作成サービス
・TilePlex…様々な商品の関連性を可視化するサービス
・プラッシュ…ブラウザーだけで対戦できる無料ゲームサイト

だが、いずれも短命に終わる。ウノウは数回に分けてベンチャーキャピタルから資金調達を実施し、最終的にその合計は約3億円に達した。それでも、収益につながる事業をつくることはなかなかできないというのが当時の状況だった。

改めて山田にこのころの状況を聞くと、少し間を置いてから答えた。

「トンネルの出口が見えない状況でお金はどんどん減っていく。飛行機がバラバラになって落ちそうになるなか、部品を組み付けて墜落を防ぐような心境だった」

暗中模索が続いていた。

「まちつく!」のヒット

2008年初め、山田は追い込まれていた。

いくらプロダクトをつくってもヒットしない。しかも、しばらく前にウノウのエンジニア獲得を目的とした買収話が持ち込まれ、自信を失いかけていた心がさらに揺らぐことになった。

いっそのこと会社を売ってしまったら楽になるかもしれない——。こんな邪念をどうにか振り払い、外部から開発を請け負う受託ビジネスでなんとか当面の危機は乗り切ったものの、抜本的な立て直しが必要なことは間違いなかった。

悶々としていたある日のことだ。東京・渋谷のウノウの本社で、山田はこの時点で15人ほどになっていた全社員に集合をかけた。ウノウはプロダクトではこれといった成果を上げることができないでいたものの、エンジニアを中心とする社員は徐々に増えていた。

社員に話す直前まで、山田はこう考えていた。

結局のところ、最後はすべて社長が責任を負わなければならないし、言い訳はできない。逃げられないし、逃げてはダメだ。なんとかしよう。そのためには自分が変わり、会社も変わる必要がある――。

そして、思いの丈を社員に打ち明けた。

「僕は最後まで諦めないし、絶対にうまくいかせる。付いてこられる人だけ、そうしてほしい」

結局、山田の予想に反して社員はひとりも離脱することなく、ウノウの体制は保たれた。この出来事を機に、状況が少しずつ変わり始める。きっかけのひとつは携帯電話への注力だった。

これまでも携帯電話向けのメーリングリストなどを手がけたことはあったが、エンジニアにとってインターネットの中心はあくまでもパソコンだった。通信会社がルールを決めた携帯電話向けのプラットフォームは自由度が低く、専門性が高いエンジニアほど避ける傾向が強かった。だが、市場が拡大している携帯電話向けに本格的に取りかかる必要があると感じて2008年秋、新しいプロダクトの開発に着手する。

これが後に山田の〝出世作〟となるゲーム「まちつく！」だ。

山田は当時、周囲にこう説明している。

「内容は非常に単純で、自分だけの『まち』を育てていく。アクセス数やまちの掲示板への書き込み数が多いと、早く『まち』が発展していくようになっている」

携帯電話ならではの機能としてGPS（全地球測位システム）を活用し、位置情報を送るとその場所でしか買えないアイテムを手に入れられるようにした。

「アイテムは使ったり、まちに置いたり、『アイテム市場』というフリマ（フリーマーケット）で売ることもできたりする」。すでにこの時点でフリマという言葉が登場しているのは興味深い。

もっとも、当初からまちつく！の成功を確信していたわけではない。その証拠に、開発に携わったのは山田と、現在は京都にあるゲーム開発会社、すずなの代表取締役を務めている中村悟の2人だけ。中村は別のプロダクトにも携わっており、「0・5人」という扱いだった。

「想定しているのは毎日少しずつ長い期間遊べるゲーム。パソコンなどの有料オンラインゲームほどヘビーに使わなくても、ケータイでコミュニティ感のあるサービスにしたい」

山田は開発に際してこう説明している。その想定が正しかったことが徐々に明らかになっていった。口コミで利用が広がり、熱心なユーザーもちらほらと目に付くようになった。若い女性も多かった。

長いトンネルの先に、うっすらとだが、光が見えてきた。

オープン化

まちつく！には運も味方した。ＳＮＳがゲームの集客や利用促進を後押しする追い風を受けたのだ。

このころになると、日本でもＳＮＳで圧倒的な存在となっていたミクシィが、外部企業にプラットフォームを開放するオープン化の動きを加速した。ミクシィにおける「人と人のつながり」などの情報を活用し、外部企業がソーシャルゲームなどのアプリを提供できるようにする構想だ。

２００９年4月23日。ミクシィが東京都内で、「ミクシィアプリカンファレンス２００９」を開いた[3]。自社のＳＮＳをオープンにする取り組みについて、開発者に説明するのが目的だった。

ミクシィはプラットフォームの利用者や利用時間を伸ばし、アプリの開発者も収益機会を拡大できる。共存共栄を図れるとの思惑があった。

会場にはミクシィ社長だった笠原健治を筆頭に、インターネット業界のキーパーソンが多く集まった。

米国のゲーム開発会社、ロックユーの日本法人で最高執行責任者（COO）を務めていた石塚亮、インターネット企業、コミュニティファクトリーの最高経営責任者（CEO）、松本龍祐、さらにウォルト・ディズニー・ジャパンでゲーム開発を担当していた原田大作の姿もあった。このとき、ミクシィの最高財務責任者（CFO）だったのは小泉文明だ。

笠原を除く4人は後にメルカリの傘の下に集い、小泉はメルカリの社長に就くことになる。SNSのオープン化がインターネットの大きな分水嶺となり、メルカリにも大きな影響を与えることになった。

ミクシィのオープン化には山田も期待していた。先行したパソコン版の動きを注視し、どういったアプリがユーザーの支持を得るかじっと見ていた。特に注目していたのは、2009年秋に予定されていた携帯電話版ミクシィのオープン化だった。

まちつく！はその第一弾となる。ミクシィの携帯電話版のプラットフォームを活用したことが一因となり、一年足らずで300万人のユーザーを獲得するまでに成長した。

SNSのオープン化の動きは、海の向こうでも進んでいた。

2007年、ミクシィに先行してフェイスブックがオープン化すると、アプリ開発者が殺到した。ここで頭ひとつ抜けた存在となったのがジンガだ。

シリアルアントレプレナー（連続起業家）であるマーク・ピンカスが率いるジンガもウノウの山田と同様に、これまではゲームにあまり関心を払ってこなかったユーザーの取り込みをフェイスブック上で目指した。そして、この戦略が大当たりする。

特に2009年6月にリリースした農園を育てるゲーム「ファームビル」が爆発的にヒットし、ジンガの月間利用者（MAU）は3カ月間で2倍以上に増え、この年の12月には2億人を超えた［4］。

ただ、破竹の勢いのジンガにも解決しなければならない課題があった。

「独自のサイトも持っていたがフェイスブックへの依存度があまりにも高く、分散させる必要があった」。当時の状況を知る日本のゲーム開発会社の元幹部は打ち明ける。

日本にはミクシィに加え、グリー、DeNAが運営する「モバゲー」など携帯電話を活用したソーシャルゲームのプラットフォームがあり、こうしたプラットフォームと関係を強める方針をジンガは決める。月間利用者2億人の大台突破と時をほぼ同じくして日本のゲーム業界へのアプローチを始めた。

「ジンガは提携や買収に向けて日本で10社には声をかけていたと思う」。この元幹部は打ち明ける。そのうちのひとつがウノウだった。

山田はウノウの資金調達を通じてグロービス・キャピタル・パートナーズの高宮慎一と

知りあいになっており、その高宮から２００９年11月、ジンガの共同創業者のひとりであるエリック・シアマヨールの紹介を受けた。

当初はウノウがジンガのゲームの日本展開を担当するといった業務提携が話題の中心だったが、年が明けると「買収したい」という意向が伝えられる。このころになるとウノウのゲーム、まちつく！の成長は力強さを増していた。そのため、差し迫った資金調達のニーズはなかったが、投資家候補との交渉は断続的に続いていた。

「ジンガはどのくらい本気なのか」。山田は真意を測りかねていたが、２０１０年5月に事態が動いた。

米サンフランシスコに出張していた山田のもとに一本の電話が入った。翌日午後には東京に戻るというぎりぎりのタイミングだ。受話器の向こうにはジンガ幹部がいた。

「すぐに会いたい」

翌朝、サンフランシスコ市内にあるジンガのオフィスを訪ねると、買収条件を事細かに記したタームシートが用意されていた。

山田や副社長の石川、そしてウノウに投資しているベンチャーキャピタルはジンガからのタームシートを前にして悩む。

「目指しているのは『世界で使われるインターネットサービスを創る』こと。買収を受け入れれば世界は近づくが、独立は失われる。理念と独立のどちらを優先すべきか」

最終的に山田が下した判断は、買収提案の受諾だった。

決裂

ウノウは2010年9月、社名をジンガジャパンに変えた。一足前に山田に加えて、ジンガ出身のロバート・ゴールドバーグが代表権を持つ取締役に就く人事も固めており、ジンガのアジア事業、そして携帯・モバイル戦略を担う子会社として新たな一歩を踏み出していた。

翌年になると、山田は再びサンフランシスコにあるジンガの本社に出張する。「シリコンバレーのベンチャーがどのように経営・運営されているか興味があったので、ものすごくいい機会だと思っている」

大ヒットしたファームビルを担当し、都市の開発を競う「シティビル」の担当部門でゼネラルマネジャーを務めていた人物に山田は付いて回り、幹部会議に陪席するなど、充実した時間を過ごした。

すべてがうまくいっているように見えたが、歯車が狂い始めるまでにそう時間はかからなかった。

きっかけのひとつはゲーム業界の潮目の変化だった。

2010年9月、ウノウがジンガジャパンに社名を変える直前に、ゲーム大手のコナミがグリーを通じて「ドラゴンコレクション」を公開した。ユーザーが冒険者となって架空の王国に散らばる宝やカードを集めながらバトルを繰り広げる内容で、ユーザーに交流を促す仕組みも備えていた。

ドラゴンコレクションは人気を集め、コナミの業績を上向かせる。同時に、「カードバトル」と呼ぶゲームのジャンルが本格的に立ち上がる契機にもなった。

「現在まで生き残っているゲーム会社はほぼすべてカードバトルに参入したが、うちは判断が後れて参入できなかった」。山田は振り返る。

悪いことには悪いことが重なる。日本のゲーム業界の流れから取り残されつつあったジンガジャパンは収益性の低さがクローズアップされるようになり、本社から派遣される社員もころころと入れ替わるようになった。

日米間のコミュニケーションは目に見えて悪化していった。

ジンガと旧ウノウの方向性の違いも目立つようになっていた。農園を育てるファームビルで大きく成長したことからも分かるように、ジンガには穏やかな雰囲気のゲームをよしとする文化があった。一方、日本のユーザーはより刺激があるタイトルを好み、当然、ウノウ出身の社員もそうしたゲームを志向する。

買収後も複数のタイトルの開発が続いていたが、「ジンガらしくない」「ジンガブランドを付けられない」といった理由で、却下される場面が増えていった。

買収の少し前に日本の電機メーカーから転職してきたデザイナーの宮上佳子は「ゲームを10つくっても、ひとつしかものにならない状態だった」と証言する。

２０１１年秋。年末の新規上場を目指していたジンガは、全社でプロダクトの絞り込みに着手していた。スタートアップ企業が赤字のまま新規上場することは決して珍しくないが、いつまでも赤字というのはさすがに体裁が悪い。そのため、ジンガジャパンもリストラを求められ、プロデューサーのひとりとして山田が開発を手がけていたペット系のゲームが対象のひとつとなった。

ジンガジャパンの幹部が山田に淡々と告げた。

「このゲームはキャンセルする。会社に残って残りのゲームの面倒をみるのでもいいし、辞めてもらっても構わない」

自分の意見がなかなか通らないようになり、そろそろ潮時かと感じていた山田はジンガジャパンから去ることを決断した。

外資系企業の退職は手続きが煩雑で骨が折れることが多い。弁護士を立てて退職にまつわる膨大な書類と格闘していると、年が変わり2012年になっていた。1月16日、山田はブログを通じて退社を発表した。具体的な理由は記さず、「退社します」と報告。『世界で使われるインターネットサービスを創る』を達成できないままなのは残念」と無念さをにじませた［5］。

このころ、山田は周囲にも退職の経緯を事細かに説明することはしなかった。「ジンガを追い出されたらしい」。こんな噂話をする人たちもいたが、相手にする気分にはなれなかった。

2 再起動

２０１１年秋。担当していたゲームの開発中止を言い渡された直後の週末、山田進太郎は東京から大阪へ向かう新幹線に飛び乗った。世界一周旅行の手配で有名な旅行会社がちょうどその週末、大阪でセミナーを開くという情報を聞きつけたためだ。

山田はブログで身の回りの出来事やインターネット関連のニュースへのコメント、読んだ本の感想などをつづってきた。これが、特にツイッターやフェイスブックが普及する前は様々な出会いのきっかけになってきたが、言ってみればよそ行きの顔だ。もうひとつ、ブログとは別に書いている日記のページをめくると、そのときどきの心理状態が手に取るように分かる。ジンガジャパンを退社すると決める半年ほど前から、その日記には旅行や世界一周に関する記述が登場するようになっていた。

ウノウがジンガ傘下に入って半年あまりが過ぎ、米国の本社や新たに送り込まれた幹部と、以前からいた山田たちの間にすきま風が吹く場面が増えていた。

「当時はあまり自覚がなかったけど、やはり疲れていたんだと思う」
最初は、旅行や世界一周に思いをはせるのは束の間の現実逃避にすぎなかったが、ジンガジャパンを去ることを決めると一気に現実味を帯びてきた。

世界一周

2012年1月16日、山田は退社を知らせるブログを書いた際、理由には言及せず、今後についても「まったく未定」と説明した。一方、わずかだが、退社後の活動に関するヒントもあった。「しばらくは海外を回ろうかと思っています」

小ぶりのバックパックを背負い、空路でニューヨークへと飛び立ったのはこの3週間ほど後のことだ。

8年ぶりに訪れたニューヨークは雪だった。2月のニューヨークは寒さが厳しく、路上で震えながらなかなかやってこないタクシーを待つはめになる。

それでも、米国の景気は回復基調にあり、街は活気に満ちていた。しゃれたショーウィンドーやレストランを眺め、名門ジャズクラブの「ブルーノート」で本場の演奏に耳を傾ける。目に飛び込んでくるものは刺激的で、大学を卒業して以来の長期休暇は上々の滑り出しだった。

山田には米国で訪れたい場所があった。首都ワシントンだ。それまでにニューヨークやサンフランシスコ、ロサンゼルスなどは旅行や出張で訪れたことがあったが、ワシントンには足を踏み入れたことがなかった。

今回はワシントンを訪問する理由があった。

愛知県の名門男子校、東海中学校・高等学校でともに学んだ伊藤錬が外務省に入り、ちょうどワシントンにある世界銀行に出向していたのだ。

東海中学は一学年の生徒数が450人にのぼるマンモス校だ。ここで伊藤と山田は偶然、同じクラスになり、お互いの家を行き来するようになる。「コンピューターに詳しいやつだった」というのが当時の伊藤の山田に対する印象だ。

伊藤が東京大学、山田は早稲田大学と進学先が異なり、卒業後の進路も外務省とインターネット分野でずいぶん違った。大学時代は交流が途絶えるが、なぜか社会人になると年に1、2回会う関係が復活した。

伊藤は外務省での出来事を話し、山田が好んで取り上げる話題はインターネットやスタートアップ企業だ。端から見ているとかみ合っているのかそうでないのかよく分からない関係だが、交遊は続いた。

その伊藤がワシントンにいるのだ。迷うことなくニューヨークとワシントンを結ぶアムトラックに飛び乗った。

ワシントンで伊藤はまず勤務先の世界銀行に山田を案内し、親友だった米国人の外交官に引き合わせた。イラク駐在、駐日米国大使だったジョン・ルースの補佐官、米国家安全保障会議（NSC）で中東部長などを歴任したマット・フラーだ。

「ワシントンらしい人に会いたい」。伊藤がフラーを選んだのは山田が事前にこんな相談をしていたからだ。3人で夕食のテーブルを囲んだが、盛り上がったかどうかは疑わしい。「パブリックセクターは話がふわふわしていて、よく分からない人たちだね」。直後に山田はこんな感想を漏らしている。

数年後、3人の人生は再び交錯した。

フラーはかつて上司だったルースの誘いに乗り、ルースが設立したベンチャーキャピタル（VC）に転職する。山田はメルカリを設立した。伊藤は外務省時代に知己を得たルースとやり取りするなかでスタートアップ企業に興味を持ち、メルカリに参画する。米国に続いて進出した英国で事業立ち上げの陣頭指揮をとることになるのだった。

3人とも投資家や事業家としてスタートアップ企業に深く関わることになるのだが、2012年冬のワシントンでは誰もそんな将来を予見していなかった。

世界一周の旅は続く。大西洋を越えてモロッコに渡り、さらに地中海を越えてスペイン、フランスへと向かった。旅行を始めてから3カ月がすぎ、あらかじめ決まっていた用事のために日本へ一時帰国する。

全行程の半分を終えた2012年4月末、心境をブログにこう記している。

「何か成果があったのかと言われると、特にこれだというのがあるわけではないです。(中略)ただ旅を楽しんでいるだけですが、これから先のいろいろな決断に少しずつ影響を及ぼし、最終的には決定的に効いてくるのではないかと思っています」[1]

実はこの旅行には再始動のきっかけにしたいという思惑もあった。「内心、この旅で何かを得よう、得てやると思って出発した」と本音を漏らす場面もあったが、短期的な成果を求めることに意味がないのではと考えるようになっていた。

山田の再始動までには、もう少し時間が必要だった。

創作意欲

2012年7月半ば、トルコのイスタンブールから世界一周旅行を再開した。五輪でにぎわいを見せる英国・ロンドンから欧州に入り、ドイツ、フランス、そして中東のヨルダンへ向かう。アフリカ、インド、タイなどを回って帰国すると、10月半ばになっていた。ジンガジャパンの〃退職勧告〃から一年が過ぎようとしていた。

5大陸23カ国の旅行を終えても「何が得られたかよく分からない」という山田の気持ちに変わりはなかったが、大きな変化もあった。

毎日のように新しい土地を訪れ、未知の言葉や文化に触れる旅行中は脳みそをフル回転させなければならない。出発前の疲労の原因にまでは考えが及ばず、「インプット過多・アウトプット過少」の状態が長く続いたため、何かやりたいという意欲が高まっていた。いつも冷静な山田にしては珍しく、このころは「ものすごい創作意欲がわいている」と興奮した様子で友人や知人に伝えている。

旅行では世界の名所旧跡を回り、絶景にため息を漏らした。その一方で、しばしば世の不条理を感じる場面にも遭遇した。

ドイツ・ベルリンの土産物店で本物のベルリンの壁の破片を手に入れて顔をほころばせたが、中東のベツレヘムではユダヤ人とパレスチナ人を隔てる新たな高い壁が築かれている現実に直面した。

ポーランドのアウシュビッツ強制収容所に足を運ぶと、犠牲となったユダヤ人が身につけていたおびただしい数の衣類やめがね、カバンが山積みになっており、圧倒された。マットレスにするために死体から刈りとられた毛髪に戦慄し、命を落とした子どもが履いていた膨大な量の靴に落涙した。

「自分がこうやって世界一周できるというのは日本という豊かな国にたまたま生まれ育ったからだということを痛感した。世界には生まれてからどれだけ能力ややる気があっても外国に行くことすらかなわない人がたくさんいる。だから自分としては、地球や人類に対して何か少しでも役立ちたいと強く思った」[2]

ジンガジャパンを退社してから止まっていた時計の針が、再び動こうとしていた。

世界は変化した

世界一周旅行の荷物を準備しているとき、持参するかどうか最後まで山田が迷ったもののひとつが従来型の携帯電話、いわゆるガラケーだった。

「iPhone」や「アンドロイド」を搭載したスマートフォンを持っていくことは決めていた。一方、荷物を可能な限り小さくしたいと思い、ガラケーの携行を逡巡したのだ。

最終的に荷物にしのばせたが、一カ月ほどたつと、「やはり持ってこなくてもよかったかも」と思うようになる。

最初の訪問先である米国は特にＷｉ－Ｆｉが発達していたこともあり、Ｗｉ－Ｆｉ接続するｉＰｈｏｎｅは情報収集や連絡に大活躍だった。ガラケーは電源を入れることすらなく、バックパックのなかにしまい込まれたままだった。結局、一時帰国の際に荷物を見直し、カメラの三脚やインスタント味噌汁などとともにガラケーは置いていくことにした。

山田が一年のほぼ半分を世界一周に費やした２０１２年はスマートフォンが一気に身近になった年だった。調査会社の米ガートナーによると２０１２年のスマートフォンの世界販売台数は6億８０１０万台だった。前の年より4割以上増え、携帯電話全体に占める比率は40％に迫っていた。翌年も引き続き成長し、ついに逆転してガラケーを上回ることになる［3］。

スマートフォンの急速な普及は特に、先進国で目立っていた。日本でも２０１１年のスマートフォンの個人保有率は14・6％にすぎなかったが、2年後には39・1％へと一気に増えている。さらに２０１6年は60％近い水準に達した。

一方、パソコンの世帯普及率は２００9年に9割に迫りピークを迎えたが、3年連続で下落して２０１2年には約75％まで落ちこんだ［4］。

山田の世界一周、そしてメルカリをスタートする時期にインターネットを取り巻く環境が大きく変わったことが分かる。

「日本に戻ってきたらLINEが一気に広がっていてびっくりした」。山田はわずかな期間に景色が一変したことに目を丸くした。

スマートフォンでメッセージや写真などをやり取りするLINEは韓国のインターネット企業、NHNの日本法人が2011年6月にサービスを始め、2年後には国内の月間利用者（MAU）が3000万人を突破している［5］。

LINEはスマートフォンの普及という追い風を目いっぱい受けて急成長し、やがて東京証券取引所とニューヨーク証券取引所に新規上場する。一兆円企業の仲間入りを果たし、スマートフォンを利用したサービスが有望であることを証明してみせた。

では、スマートフォンでどんなサービスが流行るのか。山田がこの問いを考えるうえで影響を与えた可能性が高いのが、楽天でのインターン経験だ。山田は早稲田大学在学中に楽天から内定をもらい、その後しばらくの間、楽天でインターンとして働いていた。

山田の〝楽天人脈〟に連なるのが、後にゲーム開発会社のグリーをつくる田中良和、就活や新卒採用の口コミサイト「みんなの就職活動日記」の生みの親などとして知られる伊藤将雄である。

ちょうど入れ違いとなった田中に引き継いだプロダクトは、後に「楽天オークション」となる。山田はここで個人間（C2C）サービスに可能性を感じていた。スマートフォンを活用すればさらに便利なサービスを生み出すことができる――。楽天における経験がメルカリ誕生の伏線となった。

ただ、山田の知人のひとりは「当時はフリーマーケット（フリマ）以外にも、チケット販売やゲームも考えていたようだ」と証言する。このあたりの真相は不明だが、いずれにしても帰国から2カ月ほどたつとスマートフォンを利用したフリマがいいとの考えに傾いていた。

問題は、このプロダクトをどのような体制でつくるかだった。

山田がこれまで築いた組織は、良くも悪くも、山田と少数の幹部を中心に回っていた。大学卒業後に設立し、2005年に初めてベンチャーキャピタルの資金を受け入れたウノウは、「決してワンマンというわけではなかったと思うが、僕と石川（篤）さんの会社だった」

英語版をつくるなどして山田が初めて世界展開を意識したプロダクトである「フォト蔵」の開発を担当した尾藤正人も経営の細部について尋ねると、「そういうことは進太郎と石川さんがやっていたので分からない」と話した。尾藤は「まちつく！」がヒットする前にウノウを去ったこともあり、ストックオプションなどの形で金銭的な対価を得ることはほとんどなかった。

ウノウはまず山田がつくり、後から石川篤が参画した。一時はベンチャーキャピタル出身でサイバーエージェントやライブドアの管理部門を歩んだ山田司朗が管理部門の責任者として加わったが、やはりごく一部の経営陣と「その他大勢」という構造の会社だったのである。

「レバレッジが効かない組織だった」。山田は歩みを振り返ったとき、こう思わざるを得なかった。

レバレッジは「てこ」を意味し、特に金融の世界では少ない資金で大きな取引を可能にすることを指す。大きなことを成し遂げたいのであれば、多くの人の力を集結しなければいけない――。

チームをつくることを強く意識したとき、山田の脳裏にはある人物の顔が浮かんだ。

トミー

山田が「トミー」と呼ぶ富島寛が早稲田大学に入学したのは1999年4月のことだ。富島は中学校に入った直後にラジオを聞くようになり、洋楽鑑賞が趣味となる。さらにギターで作曲することを覚えた。「作曲や映画なんかをやりたい。早稲田の文学部ならそういう人たちが多いのではないか」と考えて入学したのだった。

このころインターネットメディアを運営するサークル「早稲田リンクス」を活動拠点のひとつとしていた山田は早稲田キャンパスにいた。一方、第一文学部を選んだ富島は少し離れた戸山キャンパスに通っていた。

早稲田リンクスはインターネットに興味を持つ学生の間では知られた存在となっていたが、富島にとっては〝生活圏〟が異なることもあり、「自分とは関係のない集団」に映った。2人が出会うのはもう少し先になる。

西洋史学科に進んだ富島にとって最大の「鬼門」となるのが「目には目を、歯には歯を」で有名なハンムラビ法典の授業だった。ハンムラビ法典を英語で読み日本語に訳すというのがその内容だったが、富島には「なんの生産性もない」としか思えなかった。順調にいけば2003年3月に卒業するはずだったが、この授業の単位が取れずに留年する。翌年、翌々年と単位を落とし続け、これが富島の進路に大きな影響を与えることになった。

興味がわかないこと、意味を感じられないものに対しては一切やる気を示さない。これが富島の一貫した姿勢かもしれない。4年生も3回目となる2004年春。同級生はほとんど社会人になっており「さすがに就職活動を始めないとまずいかな」と思うものの、やる気は出ない。

こんなときたまたま地元の図書館で手に取ったのがサイバーエージェントの創業者、藤田晋の著書だった。

インターネットの分野で起業する人たちはおそらく、2種類に分かれる。プログラミングなど技術から入るタイプと、起業やビジネスに価値を見いだすタイプだ。大学に入ってからインターネットに目覚めて卒業後もプログラミングで生計を立てようとした山田は前者だが、富島はどちらかというと後者だった。

藤田の本を読み起業に興味を持った富島がインターンとして潜り込んだのが、まだ社員が5人ほどだったエルテスという企業だった。現在はインターネットにおける「炎上」を防ぐリスク対策会社として東京証券取引所のマザーズ市場に上場しているが、当時はよちよち歩きのスタートアップ企業だった。

富島はエルテスが音楽関連の事業の立ち上げを目指していると聞いていた。ところが、実際に携わったのは顧客企業から請け負った情報システムをベトナムで開発するオフショアリング事業だった。

見よう見まねで事業を始めたものの、富島、エルテスのほかの社員、そして顧客企業も十分な知見を持っていない。いつも綱渡りだった。

当然、納期遅れが頻発するが、そもそも極端な安値で受注しているので手の打ちようがない。「ただただ謝るばかりだった」と富島は言う。

絵に描いたような泥縄だったが、それでもこの経験を通じて得るものもあった。手探りではあったがシステム設計のイロハを覚え、少しずつプログラムを書けるようになっていった。ここで出会った仲間と新たにバンク・オブ・イノベーションという会社を立ち上げ、2007年に動画検索サービス「Fooooo」を立ち上げることになる。

このころ、「ユーチューブ」「ニコニコ動画」などの動画サービスが流行の兆しを見せていた。横断的に検索できるサービスのニーズが高いと考え、突貫工事ながらいち早く世に出したのだ。英語版もつくった。

「動画検索サービスとしては日本では一番早く、グローバルでも3番目くらいだったのではないか」と富島は振り返る。Foooooを引っさげて、海外のインターネット関連のイベントに参加することもあった。

Foooooはプログラミング言語の「PHP」を使って開発しており、山田の設立したウノウのエンジニアが書いたブログの情報を参考にしていた。

当時、会社としてこうした情報を公開するのは珍しく、インターネット検索で調べると頻繁にウノウのブログが引っかかるという事情があった。ウノウは固定席がないフリーアドレス制のいち早い導入などで注目を浴びたが、こうしたブログも先進的な取り組みのひとつだった。

バンク・オブ・イノベーションに在籍中、インターネット業界の関係者が集まる会合で富島は山田に会い、「ウノウラボの方ですか?」と声をかける。これがきっかけとなり、花火見物やバーベキュー大会といった山田が旗振り役を務めるイベントで定期的に顔を合わせるようになった。

結局、動画検索サイトのFoooooは収益化がうまくいかず、バンク・オブ・イノベーションはソーシャルゲームへとかじを切る。だが、富島はゲームにあまり興味が持てず2010年に退社することになった。

退社後はプログラミングの勉強もかねて、スマートフォンで使う写真やポイント収集のアプリを細々と開発したり、知人の会社でソーシャルゲームの開発を手伝ったりしていた。「そろそろ次の展開を考えないといけないな」と思っていた2012年末、たまたま出席した忘年会の席で世界一周旅行から帰ってきた山田と再開する。

山田は富島の近況を聞くと「新しい会社をやりたいと思っている」と伝えた。動画検索サービスのFoooooo以来、富島を気にかけており、「深い考えに基づいてプロジェクトを進めていて、可能だったら一緒にやりたい」とひそかに思っていた。

年が明けてほどなくすると、2人とも土地勘のある東京・早稲田のカフェレストラン

「コットンクラブ」で再び話すことにした。

「フリマアプリをやりたいと考えている」と山田が単刀直入に伝えると、富島も具体化はしていないものの思いを巡らせていた構想を説明した。「モバイル（機器）を使ったC2C（個人間）のレンタルに興味がある」

フリマもレンタルも取引を必要とする個人をつなぐサービスで、向いている方向は比較的近い。手応えを感じた山田はあらかじめ用意していた書類を見せ、関連業界の統計データなどを示しながら「このサービスならいけると思う」と熱っぽく語りかけた。

このチャンスに賭けてみよう――。富島には、情報発信力や人脈を持ち、ウノウを育てた山田に対する憧れのような気持ちもあった。即座に「一緒にやりたい」と伝えた。

奇縁

山田には意中の人がもうひとりいた。

米国のゲーム開発会社、ロックユーの創業メンバーであり、日本法人のロックユーアジアで最高執行責任者（COO）を務めた石塚亮である。

2008年春、米シリコンバレー。ロックユーのオフィスにほど近いカフェで、山田は石塚を質問攻めにしていた。

「交流サイト（SNS）のオープン化の行方は？」

「シリコンバレーで会社をやるのはどういう感じ？」

いつもは冷静な山田が興奮気味に話すのには理由があった。

「人のつながり」などSNSが蓄えた情報を活用し、外部企業がソーシャルゲームなどのアプリをつくれるようにするオープン化の取り組みは、米国が2年ほど先行していた。

ロックユーが提供する「スーパーウォール」はフェイスブックに情報を時系列に並べるタイムラインがまだないころ、それを代替するアプリとして絶大な人気を得ていた。

「世界で使われるインターネットサービスを創る」ことをずっと目指してきた山田にとって、一足先にそれを体現した石塚はまぶしい存在だった。

日本ではまだミクシィなどのオープン化の動きは表面化していなかったが、米国の流れが日本にも波及するという展開は容易に想像できた。

だから山田は共通の知人に石塚との面会を頼み込み、この日はそれがようやく実現したのだった。帰国後、「今回一番よかったのはロックユーの石塚さんに会えたこと」と周囲に語っている。

石塚がなぜスーパーウォールを開発できたのか。話は2人がシリコンバレーで会った10

年ほど前にさかのぼる。

父親の転勤に帯同して中学時代に米東海岸のボストンに引っ越した石塚は現地の高校を経て、1997年秋にメリーランド州のジョンズ・ホプキンズ大学に入学した。学生寮で石塚の人生を左右する出会いがあった。たまたま同室になったのが中国系米国人のシェン・ジアで、ジアは後にロックユーの最高技術責任者（CTO）になる。

ジアが石塚とインターネットを結びつけた。

石塚は経済学と政治学を専攻する文系の学生で、将来の進路として国連や政府機関を思い描いていた。一方、理系のジアはコンピューターサイエンスを学び、1997年はインターネットバブルが盛り上がっていく時期にちょうど重なっていた。

こうした環境のなか、石塚がインターネットの魅力にとりつかれ、プログラミングを覚えるのにそう時間はかからなかった。

大学卒業後、石塚は日本に戻って就職するが、3年ほどするとシリコンバレーのスタートアップ企業に在籍していたジアから「一緒に働こう」と誘いを受ける。この企業は電子メールのフラウド（詐欺）防止サービスを手がけていた。

ジアと石塚はその広告のため、人気を集めていたSNS「マイスペース」の拡散力を活用することを思いつく。

ユーザーの写真を組み合わせて「アルバム」をつくり、マイスペースで公開できるサービスを試しにつくってみたところ、わずか2週間で100万人もの利用者を獲得した。「これだけ人が集まるなら、単独のビジネスとしてやっていけるだろう」。初めて触れたSNSの情報を拡散する力の強さに衝撃を受け、新会社を設立して独立することにした。これがロックユーだ。

2005年の設立直後、ロックユーは成長性が評価を受け、シリコンバレーの老舗ベンチャーキャピタル（VC）、セコイアキャピタルからの出資の約束を取り付ける[6]。だが、払い込みの前日に前の勤務先から訴訟を起こされ、手続きが一時ストップするという危機を迎えた。

石塚らの甘さもあり決して誇れた話ではないはずだが、スタートアップ企業の本場であるシリコンバレーに目が向いていた山田には、こんな〝冒険譚〟も魅力的に聞こえた。

この後、ロックユーや石塚は山田との奇縁が重なる。

ロックユーは収益化に向けた取り組みの一環として広告配信を手がける。このサービスを集中的に利用したのがジンガだった。後に山田の設立したウノウを買収するソーシャルゲーム大手だ。

ロックユーはジンガの動きに触発されて自社でもゲームに参入し、さらにSNSのオープン化を控えていた日本やアジアから進出のラブコールを受けるようになった。ソフトバンクと共同で日本法人のロックユーアジアを設立し〔7〕、この担当としてジアと石塚は日本に向かう。日本進出の助言をしたのが山田だった。

山田がジンガと買収交渉を進めていた2010年前半、この噂を聞きつけた石塚は「最終決断する前にうちとも話をしてみないか」と声をかける。結局この話はジンガとの交渉が最終局面に入っており、実現することはなかった。

ジンガやロックユーがウノウに興味を持った背景には、日本と米国のSNSのオープン化の違いもあった。日本が携帯電話を基盤としてソーシャルゲームの市場が一気に拡大したのに対し、米国はパソコンから広がっていった。

結局、日本の流れにうまく乗れなかったロックユーアジアは2012年末、中国のインターネット大手、騰訊控股《テンセント》への会社売却を決める。

「グッドエグジット（出口）ではなかった」。石塚はこう話すが、メルカリの設立準備を進めていた山田には千載一遇のチャンスだった。

「世界で使われるインターネットサービスを創る」ことを目指すからには、最大市場である米国への進出は不可避だ。石塚と一緒にできればその知見を生かしてもらえるはずだ。

2013年に石塚がテンセントへの会社売却を終えて米国に戻ることを明らかにすると、

山田は即座に連絡を入れて面会の約束を取り付けた。

石塚が「米国でまたスタートアップを始める」と話すのを聞くと、山田はそれまで考えていたことを伝えた。

「まずメルカリを一緒にやり、米国へ進出するときは亮が最高経営責任者（CEO）になればいいよ」

米国に戻ることで頭の中がいっぱいになっていた石塚は突然の誘いに戸惑いをみせたが、最終的に山田の挑戦に賭けることを選んだ。

「失敗してもいい」

同じころ、長年にわたってスタートアップ企業の法務を手伝ってきた弁護士の猪木俊宏が山田に呼び出された。

現在、ニュースアプリ開発のスマートニュースで会長を務めている鈴木健が共通の知人という縁があり、山田は猪木にウノウの顧問弁護士を依頼した。それから2人は10年近くに渡って付き合いを続けてきた。

山田は設立の準備を進めていた新会社の顧問弁護士、そして監査役として猪木の力を借りたいと考えており、京都で開かれたスタートアップ企業関連のイベントに参加するタイミングを見計らって声をかけたのだった。

イベント会場から抜け出して向かった居酒屋で山田は新会社の構想を伝え、猪木に協力を求めた。

相前後して猪木は山田の考えに触れる機会があり、はっとさせられた。「また失敗してもいいと思えるようになったんですよ」

猪木は多くの起業家と付き合ってきた。ライブドア事件でライブドア側の主任弁護士を務めた経験もある。この分野の第一人者であり多くの経験を積んできたが、新たなスタートを切ろうとしている起業家が「失敗してもいいと思える」というのを聞いたことがなかった。

一度エグジットを経験した起業家であれば、なおさら格好悪い失敗は避けたいと思うはずだ。

だが、山田は違っていた。「世界で使われるインターネットサービスを創る」ことのハードルは決して低くない。すぐに成功する確率は高くないが、何度か打席に立てばホームランが打てるかもしれない。

猪木は山田の考えに触れて、感心した。これまでとは違う何かが始まろうとしていた。

3 唯一無二

東京・六本木でコウゾウというちょっと変わった名前の企業が誕生したのは2013年2月1日のことだ。

9カ月後にラテン語でマーケット（市場）を意味するメルカリに社名を変更してフリマアプリ業界を代表する企業になるが、この時点ではそこまで確信めいたものがあったわけではない。ただ、思い半ばにしてジンガジャパンを退社し、一年あまりを充電に充ててきた山田進太郎が再始動しようとしていることははっきりしていた。

くしくもこの日は、山田が去ったジンガジャパンが株主総会で解散を決めた翌日だった。コウゾウの代表取締役は山田が務め、トミーこと富島寛は取締役に就いた。もうひとりの共同創業者である石塚亮は米国へ戻る準備を進めていたこともあり、取締役に就任するのは少し先になる。

コウゾウの〝オリジナルメンバー〟はあと2人。前年末に京都で山田が協力を依頼した弁護士の猪木俊宏が社外監査役となり、ベンチャー投資家の松山太河が社外取締役を引き受けた。

ビットバレー

「唯一無二のメンター」――。

山田が尊敬の念を込めてこう呼ぶ松山に初めて会ってから、すでに10年以上の歳月が流れていた。

ミレニアムという言葉が飛び交っていた2000年前後、多くのハイテク企業やインターネット企業が集まる米国西海岸のシリコンバレーにならって東京・渋谷を「ビットバレー」と呼ぶ運動が盛り上がっていた。

このころ、松山は早稲田大学を卒業してコンサルティング会社で働いていたが、インターネットの熱気には抗いがたいものがあり、いつしかこの活動の中心に身を置くようになっていた[1]。

早稲田大学の4年生で卒業を数カ月後に控えていた山田は、松山がディレクターを務めるNPO、ビットバレーアソシエーションが東京・代官山で開いたインターネット企業の交流イベントに足を運んだ。

このころ、山田は創業直後の楽天から内定をもらい東京・祐天寺のオフィスでインターンとして働いていたが、同じ東急東横線沿線でも祐天寺と代官山ではずいぶんと景色が違った。

当時の楽天はこつこつとプロダクトをつくっており、悪くいえば内にこもっている印象を与えた。一方、ビットバレーアソシエーションの交流イベントには小澤隆生、宇佐美進典、川邊健太郎といった現在までインターネット業界の第一線で活躍する起業家が集っており、山田は「起業が当たり前」という印象を受けた。

小澤は起業後、事業売却により楽天に入り、現在はヤフー幹部を務める。宇佐美は現在のVOYAGE GROUPを設立した。川邊もインターネット企業の電脳隊を起こし、同社がヤフーと合併したのを機にヤフー入りし、後に社長に就くのだった。

山田にとってこうした場でビットバレーの旗手としてひっきりなしにやってくるメディアの取材に応じる松山の姿はまぶしく、交流イベントは楽天から得た内定を辞退して進路を変える一因となった。

松山は早稲田大学で同窓というよしみもあって山田と親しくなる。共通の知人もいた。2人が知り合ってしばらくたったころ、松山の所属していたインターネット企業、ネットエイジに雑誌の定期購読サイトを開発する相談が持ち込まれた。「手近なところに腕のいいプログラマーがいない」。こんな訴えを聞いているときにふと思い浮かんだのが山田の顔だった。

「進太郎がいいと思う」。思わず口をついて出た言葉だったが、山田は完璧に仕事をこなした。

指示が曖昧でも発注者の意図をきちんとくみ取り、ほれぼれとする出来栄えだったという。「非の打ちどころがなかった。スピードも速く、尋常ではないと思った」

松山はベンチャー投資家として独り立ちするとまずウノウに出資し、社外取締役も引き受けている。ウノウの結末は山田にとって満足のいかないものだったが、それでも無事にM＆A（合併・買収）というエグジット（出口）を迎えた事実は変わらなかった。

こうした経緯があった松山にとって、コウゾウの社外取締役に就くのも自然な流れだった。

土曜稼動、月曜休業

山田は世界一周旅行から戻ると、２週間に一度ほどの頻度で松山に会うようになっていた。

「お茶でもしませんか」。いつも声をかけるのは山田の方だった。ウノウ時代から一貫して山田の意思を尊重して見守ってくれていた松山はいい兄貴分だった。

初めはいくつかのアイデアを披露していたが、だんだんとフリマアプリへの言及が増えていく。

「ヤフオク！のビジネスは大きいし、C2C（個人間）にはチャンスがある」

「アプリならまだ開拓の余地がある」

松山はこんな話をずっと聞いていると、成功するという確信は持てなかったものの「進太郎が言っているのでそうなのかな」と思えてきた。

最終的に社外取締役への就任だけでなく、個人的な出資にも応じる。パートナーを務めるベンチャーキャピタル（VC）、イーストベンチャーズが提供していたスタートアップ企業向けシェアオフィスの提供も申し出た。

ビルは古びており再開発のための立ち退きが近づいていたが、地下鉄の六本木一丁目駅からほど近く立地がよかった。賃料も手ごろだった。

ただ、オフィスを確保しただけではプロダクトはできない。必要なのはプログラムを書くエンジニアだ。ここで力を発揮したのはインターネットだった。

山田は以前、ブログを熱心に執筆しており、これが人脈を広げる武器となってきた。ウノウのエンジニアが公開していた技術情報のブログも知名度の向上に役立ち、山田と共同創業者となる富島を結びつける役割を果たしている。

このころになるとブログを書く頻度は下がっていたが、その代わりにツイッターに頻繁に書き込むようになっていた。

「エンジニア募集中」——。会社設立の2週間ほど前、10万人超のフォロワーに向けてつぶやくと、反応があった。具体的に何をするか一切説明していなかったにもかかわらず、興味を持ってくれるエンジニアがいたのだ。

こうして集めたエンジニアと近所の居酒屋でささやかな飲み会を開き、開発チームが立ち上がった。

この場にはウノウで山田と一緒に写真共有サイト「フォト蔵」をつくっていた鶴岡達也、中国出身でミクシィやDeNAでキャリアを積んだ胡華がいた。2人とも現在に至るまで中核メンバーとしてメルカリの技術部門を支えている。

2月に会社を登記した直後には8人のエンジニアを確保して開発をスタートすることができた。

だが、問題もあった。この時点では多くのエンジニアはまだ「本業」を持っており、すぐにコウゾウにかかりきりになるわけにはいかなかった。

比較的自由に動くことができるのは平日の夜間と週末となる。だが、このままでは十分な時間を確保できない。困った山田と富島は一計を案じ、〝奇策〟を思いついた。

皆が休みの週末に働けばいい——。振り返ってみると驚くほどシンプルなアイデアだが、半年ほどの間は「土曜日稼動、月曜日休業」というのがコウゾウの公式カレンダーになった。

応用

シェアオフィスに入居している他のスタートアップ企業が休んでいる土曜日が、コウゾウの定例ミーティングの日となった。この日しか全員の時間が合わず苦肉の策だったが、他人に聞かれたくないような内容もおおっぴらに話せるので好都合だったともいえる。

最大のテーマだったプロダクトの企画は主に富島が担当し、経営全般を担う山田と二人三脚を組む形となった。

富島が一週間かけて資料をまとめ、壁面に投影したパワーポイントやエクセルの画面を見ながら、わいわいがやがやと議論するのがルーチンになった。

この場で細部を詰めていったが、富島には初めからこうしようと決めていたことがひとつある。出品する商品の写真を撮影するためのボタンを目立つ色で大きく表示することだ。まずユーザーに出品してもらわないと売買を仲介するサービスが回らないというのがその理由だが、2年ほど前の経験から学んだことがあった。

2010年にゲーム開発会社になりつつあったバンク・オブ・イノベーションを退職した富島はプログラミングのスキルが必要と痛感していた。

「どれだけ偉そうにしていても、自分でできないやつが言ってもしょうがない」

勉強をかねていくつかのスマートフォンのアプリを開発した。このときにつくったひとつが「フォッピー」と名付けたカメラアプリで、画像の加工やフィルター、フレームといった機能を備えていた。

ダウンロード数が5万ほどにとどまりヒットとはほど遠かったものの、このときの経験から「簡単に使えるカメラアプリのようなつくりがいい」と考えるようになった。

もちろん山田の経験も生きている。

学生時代に趣味と実益を兼ねて立ち上げた映画の口コミサイト「映画生活」でインターネットを使ったサービスの基礎を学び、後からDVDの通信販売も加えたので電子商取引（EC）も経験した。ウノウで手がけた写真共有サイトの「フォト蔵」は写真を時系列に並べる仕組みになっており、メルカリも基本的に「新しいものを上部に表示する」という構造は同じだ。

社外取締役に就いた松山はこの事実にあるとき気づき、「メルカリは進太郎の集大成になっている」と膝を打った。

石塚が正式に加わったことを対外的に公表するのは5月半ばになってからだったが[2]、それに先だってアルバイトのような形でコウゾウのオフィスに出入りするようになっていた。「とにかく人手が足りないので手伝ってほしい」という山田の頼みを放っておけなくなったからだ。

3人の共同創業者のなかではもっともプログラミングの能力が高かったため、山田がツイッターで集めたエンジニアたちと一緒に手を動かす。加えて、経理や人事といったバックオフィスの仕事も石塚の担当になった。慣れない仕事に戸惑いながらも、「スタートアップはこんなものだ」と自分に言い聞かせていた。

一方、石塚がこれまでの経験をフルに発揮できたのはデータ分析の基盤づくりだ。石塚が米国で共同創業したゲーム開発会社のロックユーが日本に進出したとき、関係者の間で期待が高かったもののひとつがこの基盤だった。

インターネットを通じて提供するサービスは継続的に使い勝手を高め、改善するスピードが勝敗を分ける。今でこそ当たり前になったが、ロックユーは複数の改善案を用意してどれが高評価かを試す「A／Bテスト」を高速で回す仕組みや、様々な指標を一覧表示して判断に役立てるダッシュボードを作成する機能で先を行っていた。

コウゾウでもこうしたノウハウをアプリに応用し、重宝がられることになるのだった。

ダブルパンチ

この時期には手痛い失敗もあった。アプリの開発言語に「ＨＴＭＬ５」を採用したことだ。

「どうもしっくりこない……」。コウゾウが発足して一カ月ほどがすぎたころ、山田や富島は開発中のアプリを目の前にして戸惑いを隠せないでいた。

急ごしらえとはいえ開発チームはよく働いている。おかげでアプリはだんだんと形になってきていたが、違和感をぬぐい去れなかった。画面が切り替わるスピードが遅く、いらいらさせられるのだ。原因はＨＴＭＬ５だった。

ＨＴＭＬ５はもともと、ウェブサイトの作成に使う開発言語であり、ブラウザーの種類に関係なく原則として同じ内容を表示できるのが特徴だ。この言語をアプリに応用すればユーザーがスマートフォンにインストールするアプリはいわば「額縁」の役割を果たす簡素なものでよくなり、内容はサーバー側で自由自在に変えられる。

アプリは改善のスピードが重要であり、ユーザーにいちいち改良版をダウンロードしてもらわなくてもどんどん内容を更新できるこうした仕組みは好都合なはずだった。

スマートフォン側に必要なのは額縁の役割だけなので、「ｉＰｈｏｎｅ」と「アンドロイド」のアプリを別々につくる手間が大幅に省けるのも魅力だった。

だが、思惑は外れた。ＨＴＭＬ５は技術が発展途上にあり、サーバーではなくスマートフォン側が処理の多くを担うネーティブと呼ぶアプリの方式に比べると、できることが限られていた。「現在ならまだしもあのころは厳しかった」。富島はこう反省を口にする。

山田はコウゾウで経営者としての役割を優先しようとしていた節がある。口を挟むのは大きな方向を決めるときが中心だったが、目の前にあるアプリには首をかしげた。

アプリはコンマ数秒の反応速度の違いが使い勝手を大きく左右する。「プロダクトにうるさい」と周辺から評価されることが多い山田にとって、このできは許容できるものではなかった。

悪いことには悪いことが重なる。

「ちょっときてくれるかな」。３月末、山田は富島と石塚をオフィスが入っているビルの外に呼び出した。ほかのスタートアップ企業と共有しているオフィスでは込み入った話ができず、特に平日は路上が臨時の会議室となっていた。

この少し前のことだった。開発の中核を担っていたエンジニアのひとりが山田に退職したいと伝えた。

このエンジニアは体調が優れず、実際、手術を受けなければいけないという事情もあった。また、ゲーム開発などしっかりとした計画に基づいて仕事を進める大規模なプロジェクトに関わることが多く、コウゾウの不安定な環境が合わなかったのかもしれない。

「今、このタイミングで辞めるの……」

山田は申し出を聞いて絶句した。このエンジニアは別のエンジニアと一緒に仕事をしており、一気に2人を失うことを意味していた。開発スケジュールに遅れが生じることは必至だった。

六本木の路上で山田は富島と石塚にこの事実を伝えた。「どうしよう……」。3人は頭を抱えたが、すぐに妙案が浮かぶはずもない。

たばこの煙をくゆらせながら、ビルに切り取られた六本木の空を見上げるしかすべがなかった。

後に引けない

だが、悩んでばかりいても仕方がない。「合わないと思っているのなら、引き留めるのは無理だ」。こう結論づけると、そこからの動きは速かった。

「だれかいいエンジニアを紹介してもらえませんか」。山田はあらゆるツテをたどり、事情を説明して手伝ってくれそうな人材を探した。

呼びかけに反応したひとりが社外取締役の松山だった。この少し前、松山は六本木のビートルズの曲がかかるバーで開かれる飲み会の誘いを受けていた。そこにエンジニアでビートルズ好きの矢野慎一郎が参加するという情報を得ていた。

もともと松山はこの飲み会に参加する予定はなかったが、山田と矢野を引き合わせることを思いたつ。飲み会を企画した孫泰蔵に参加することを伝えるとともに、山田にも声をかけた。

山田が誘いを受けたのは直前だったが、断る理由はない。ガンホー・オンライン・エンターテイメントの設立に参画し、ベンチャーキャピタルのモビーダジャパンの社長を務めていた孫と面識があったのも好都合だった。

山田はバーで会った矢野に自社が危機的な状況にあることを訴え、手伝ってほしいと頼み込んだ。

矢野は特定の組織に所属しないフリーランスのエンジニアだったが、今後数カ月にわたってあるプロジェクトに加わろうと考えているところだった。だが、山田の話を聞くと、こちらの方が急を要すると理解した。

「こっちの方がヤバそうなので、コミットしますよ」

矢野はその場でコウゾウに参画することを決める。あまりに急な展開だったため報酬についてはまったく話をしていなかったが、それでも翌日からはイーストベンチャーズのシェアオフィスに出勤した。

同じような経緯でもうひとりのエンジニア、石川亮介の参画も決まる。山田がエンジニアから退職の意向を伝えられたときには想像もできなかったことだが、一週間ほどでどうにか体制を立て直すメドを付けた。こうして「一番キツかった」という時期を乗り切った。

4月に入るとｉＰｈｏｎｅのアプリ開発を手がけてきた大庭慎一郎も入社し、開発のペースはどうにか元に戻りつつあった。そして、違和感の原因だったＨＴＭＬ5を全面的に廃棄し、ネーティブでアプリを一からつくり直す作業が始まった。

2カ月のロスが痛くないといったらウソになるが、なんとかリカバリーできる範囲に収まったはずだ。気ぜわしいことに変わりはなかったが、「むしろすっきりした」と冷静に話せる状態になっていた。

開発と並行して、利用規約や業務フローを決める作業も忙しさを増していた。「一定期間を過ぎても売上金を引き出さない利用者がいた場合、どのように処理するか」。発生しうるあらゆる問題を想定し、前例をみながらつぶしていく。

この地道な作業で大きな役割を果たしたのは弁護士で社外監査役に就いた猪木だった。「フリマアプリは法律に照らし合わせて判断することがたくさんあるので、専門家の力が必要になるはずだ」。こう考えて会社を設立する前から猪木に協力を求めていた山田の判断が正しかったことが証明されつつあった。

そうこうしているうちに、4月も終わろうとしていた。ゴールデンウィークが明けると、山田と松山はいつものお茶ではなく、食事に出かけた。開発の進み具合などについて話して、店を出た直後のことだ。六本木の交差点で信号を待っているとき、松山が山田に話しかけた。

「5000万円なら出せるが、条件はどのくらい?」

松山は個人としては最初に少額の資金を提供していたが、パートナーを務めるイーストベンチャーズとしてはまだ出資していなかった。設立から3カ月間の動きを見ていて、コウゾウに出資したいと考えていた。ただ、イーストベンチャーズは設立からまもないアーリーステージのスタートアップ企業を対象としており、一度に出せる金額には上限がある。5000万円は相当背伸びをした金額だったが、山田がこういう場面では強気になることは知っていた。少なくともこの程度の金額を示さなければ受け取ってくれないだろう——。

結局、山田は出資の前提となる企業価値の評価額を示し、松山の申し出を受け入れる。だが、ベンチャーキャピタルの資金を受け入れるのはいいことばかりではない。責任が格段に増すからだ。唯一無二のメンターによる出資は、これが後に引けない戦いになることも意味していた。

4　急げ！

開発の中核を担うエンジニアの離脱、その穴埋め、さらに社外取締役でベンチャー投資家の松山太河と「シードラウンド」と呼ぶ資金調達の交渉を終えると、2013年5月中旬になっていた。

コウゾウが誕生した3カ月前、東京・六本木に間借りしたイーストベンチャーズのシェアオフィスの前は厚いコートで防寒した人びとが行き交っていた。ところがこのころになると、半袖姿が目に付いた。

少し前には、入居するビルが再開発の対象エリアとなったため、イーストベンチャーズは地下鉄の六本木一丁目駅の近くから、約一キロメートル離れた六本木交差点に近い「六本木ビル」に移転していた。飲食店やスナックの入るビルの3階がイーストベンチャーズ、そしてコウゾウの新たな拠点となる。

2013年5月14日には、石塚亮の参画を正式に発表した。プレスリリースでは石塚が米国のゲーム開発会社、ロックユーを立ち上げたひとりであることを真っ先に記し、「早期の米国進出を目指すコウゾウにとって第一歩となる心強いメンバー」と説明した。まだメルカリの開発は五里霧中だったが、早くも米国進出の夢を語っていたのだ。

新オフィスにはフルタイムで働くメンバーとして山田進太郎、富島寛、石塚の3共同創業者がそろい、山田が頼み込んで加わってもらったエンジニアの矢野慎一郎や石川亮介らの姿もあった。加えて、アルバイトやインターンのメンバーがひっきりなしに出入りしていたので、オフィスはどんどん手狭になっていった。

「大家」である松山はしばらくの間、山田たちの使う机を確保するため、「申し訳ないけど場所を変わってもらえないか」と周囲のスタートアップ企業に頭を下げて回った。

巻き返す

エンジニアの離脱や、アプリを途中まで開発言語「ＨＴＭＬ５」でつくったものの実用に堪えないと判断してご破算にする想定外があったため、「5月にはアプリを出せるのでは」という山田たちの目算は狂った。

創業初期に実施するシードラウンドの資金調達で多少の余裕ができ、新たなターゲットを7月に設定した。だが、時間がないことに変わりはなかった。

山田と二人三脚でプロダクトの企画を担当していた富島は焦っていた。

富島が「iPhone」「アンドロイド」両方のアプリの面倒を見る体制だったが、問題は進行が遅れがちなアンドロイドだった。

日本は世界的に見てもiPhoneの人気が突出して高い特異な市場だ[1]。こちらは幸いにも社外で経験を積んできたエンジニアが担当に就いてスムーズに開発が進んだものの、アンドロイドは経験の浅いインターンが中心だった。

エンジニアを集める時間が十分にあったわけではなく、資金に限りがあるなかで高給を積むこともできない。限られた戦力でどう戦うかが腕の見せ所だった。

本業を持つインターンのエンジニアが本格的に働き始めるのは夕方になることが多かった。仕事が一段落すると、どうしても終電近くの時間帯になる。エンジニアの仕事が終わった後にその日の開発成果を確認し、バグを見つけたり修正を指示したりするのが富島の仕事だった。

だが、エンジニアの仕事が終わるのを待って作業を始めると朝帰りになってしまい、体が持たない。かといって、翌朝まで放置しておいて時間を無駄にするのも避けたく、悩ましかった。

試行錯誤した結果、富島は自宅のある東京・東中野まで終電で帰ることにした。愛用のマックブックをバックパックに入れて持ち帰り、駅前のファミレスに入る。酔客や学生などに囲まれながらここで作業を済ませ、一息つくと徒歩で帰宅するという生活をしばらく続けた。

「少しでも早くしたかった」。メルカリの一部は深夜のデニーズで生まれていた。

実は開発言語に加えて、相前後してもうひとつやり直したものがある。アプリのデザインだ。

2月の会社登記の直後からフリーランスのデザイナーが片手間で担当する体制だったが、しっくりこなかった。「やはり100％コミットするデザイナーが必要だ」。このとき山田の脳裏に浮かんだのは旧知のデザイナー、宮上佳子だった。

宮上は4月の入社直後から猛烈な勢いで巻き返した。

いくつかアプリの画面はできつつあったが、はっきり言ってぱっとしない。かといって一からやり直すだけの時間もなかった。すでにあるものの中から使えそうな画面を選び出し、足りないページだけを付け加えた。

以前のパートタイムのデザイナーと宮上では使っていたツールが異なっていたため、データの移行に手間取る場面もあったが、作業はどうにか回り始めた。

「特にこの世界は先に出した者が勝つ」「一秒でも早く出したい」――。宮上は社内ではこんな話がよく交わされていたのを覚えている。

そのために、アプリのデザインでは基本ソフト（ＯＳ）の定めているベーシックなデザインを極力生かし、手を加える部分をなるべく少なくした。メルカリのアプリの背景がレモン色を基調としているのも、色を付ける手間を省くためだ。一つひとつの作業にかかる時間は短くても、チリも積もれば山となる。スピードを低下させる障害は可能な限り取り除きたかった。

現在までメルカリのアプリはこのデザインを踏襲している。背景に手を加えたのは自分の出品・購入商品の一覧を見たり、設定画面を開いたりするためのサイドメニューくらいだ。ここではレモン色ではなく、ピントをぼかした夜景のような画像を使っている。多少は凝ってみたものの、競合するプロダクトとは異なり、ユーザーごとのカスタマイズ機能はない。

画面の数そのものも、なるべく減らそうとした。デザイン、プログラミングの手間が省けるほか、結果として使い勝手も高まる。

「そもそもインターネットを使ったフリマはパソコンでも提供可能だ。スマートフォンになって変わるのは、極端な言い方をすれば簡単になることくらい」。こう考えていた企画担当の富島にも好都合だった。

しまむら理論

「うちで働かない？」。山田が宮上に最初に声をかけたのは、2月に会社の設立登記をすませた直後だった。

宮上は日立製作所など複数の大手電機メーカーのデザイン部門を経て、2010年に山田が社長を務めていたウノウに転職した。電機メーカーでは携帯電話の画面のデザインを担当していたが、スマートフォンにどんどん押されて経営が厳しくなっていた。一方、ゲームをはじめとするコンテンツは急成長している。こうした事情が転職を後押しした。

宮上は動画の表示に適した「Ｆｌａｓｈ」を扱うことができたため、社内で重宝されるデザイナーだった。転職して携帯電話からゲームへと担当するプロダクトが変わったが、より大きな変化はすぐ近くにエンジニアがいることだった。

電機メーカーは組織が大きく、自分の携わったプロジェクトの全容がなかなか見えなかった。一方、スタートアップ企業の組織はこぢんまりしており、すべてが手にとるように分かったのだ。自分が生み出したデザインがエンジニアの手によって自由自在に動くようになるのを見るのは楽しかった。

ウノウが米ジンガの傘下に入ってジンガジャパンになると、あるゲームのプロダクトマネジャーになった山田と毎日のように、「朝会」でこってりと議論するようになった。議論が白熱して一時間を超えることもざらだった。参加していたほかのエンジニアが退屈することもあったが、お構いなしだ。

山田には質問魔のようなところがある。少しでも理解できないと質問攻めにし、納得できるまで諦めない。一方、山田とはバックグラウンドの異なる宮上は「なぜそんなことも分からないのか」と思う。こうした場面は一年近くにわたって延々と展開された。

だが、あるときから宮上は不思議な感覚にとらわれるようになった。「脳みそが一緒になったのではないか」。山田が考えていることが手にとるように分かったのだ。

山田もこういった感覚を共有し、宮上に対して「感覚が鋭く、いちいち直しを指示する必要がないので助かる」と思うようになった。仕事が速いことも気に入っており、ジンガジャパンの解散を機にフリーランスのデザイナーになった宮上に声をかけるのは自然な流れだった。

実際、コウゾウに入ってからも「あまりしゃべっていないが、彼の考えはよく分かった」と宮上は話す。それで用が足りたのだ。

時間のないスタートアップ企業にとって好都合なことだった。

それでも2人の間で意見が食い違ったことがある。入社してからまもなく、デザインについて話す機会があり、突如として宮上が「しまむら理論」なる考え方を持ち出した。しまむらとは、庶民的な衣料品を得意とする衣料品チェーンのしまむらのことである。しまむらは宮上の好きな店のひとつでもあった。

店内やチラシは一見雑然としており、ハイファッションとは対極の雰囲気を醸し出している。だが、これは綿密な計算に基づく作戦というのが宮上の分析だ。モデルも一流を起用しコストをかけているが、庶民性や親しみやすさを出すために舞台裏は一切見せない。その結果、衣料品を扱う日本企業としては数少ない世界ランキング上位の常連となった。マスを狙うフリマアプリもこうした戦略で臨むべきである。これが宮上の主張だった。

その場に居合わせたエンジニアからはブーイングが起きた。格好いい方がいいに決まっている。山田も納得できないといった表情で話した。「せめてユニクロにできないかな」だが、宮上は頑として譲らない。宮上は自分の主張を貫き、「小さな子どもを持つ地方に住む主婦が意識せずに使える」という基本線から外れることはなかった。

初期のホーム画面はこんなふうだった。ユーザーが撮影した商品の写真が横2列のタイル状に並び、それぞれの写真の下の方に商品名を重ねて表示する。写真の下方には左から順に、閲覧したユーザーが「いいね！」ボタンを押したことを示す赤色のハートマーク、コメントが寄せられたことを示す吹き出し型のアイコン、そして価格を配置した。

写真を主体とした流行の交流サイト（ＳＮＳ）のような雰囲気だが、どことなく雑然とした印象を与える。だが宮上はこれがいいと信じており、実際にユーザーにも受け入れられた。

割り切る

この年、東京は平年並みの6月10日に梅雨入りした。コウゾウが入る東京・六本木のビルの周りにも傘の華が咲くようになる。アプリのリリースを予定していた7月まで3週間を切った。

懸案だったアンドロイドのアプリ開発もどうにか落ち着いて表面上は順調だったが、新たな問題も浮上しつつあった。

「このままでは間に合わない」。実はこのころ、リリースの時期を再延期するか一部機能の実装を見送るかという選択を迫られるのだが、前者ははなから検討対象とならなかった。

プログラミングの片手間に「金庫番」も任されていた石塚は言う。「資金はあと数カ月しかもたなかった」。山田は「最悪、必要となったら自分で少し入れるよ」と話していたが、実はあまり気が進まなかった。

以前の反省からチームで運営することが重要と考えており、自分の出資比率ばかりが高くなるのは時計の針を巻き戻すような行為だった。こうなると選択肢はひとつしかない。一部機能の見送りだ。

実はこれまでにも時間やコストの制約から割り切ったことはいくつかあった。当初から現在に至るまで利用者がアップロードできる写真は商品ひとつあたり4枚までに制限している。

より多い方が便利という意見もあるが、それでも上限を設けているのは、開発の負荷を減らすためだ。４枚であれば画面にまとめて表示し、横にスクロールするといった機能が要らない。

だが、さらなる妥協が必要だ。思案するなかで浮かんだひとつが検索機能だった。

現在はアプリの上部に虫眼鏡の形をしたアイコンがあり、キーワードやカテゴリー、ブランドなどからユーザーの出品した商品を検索できる。購入する際に便利な機能だが、まずこれを諦めた。ユーザーは当初、商品を購入する際は画面を延々と下にスクロールすることを余儀なくされた。

「検索は別になくてもいいんじゃないの」。言い出しっぺは富島だった。

当初は出品数が少なく、検索しても何も引っかからない可能性が高い。ユーザーが閑散としているサービスという印象を持ち、利用をやめてしまうおそれがあった。

検索機能がなくてもアプリを開くたびに直近の出品商品を表示しておけば、にぎわっている印象を与えられるのではないか。こう考えたのだ。

一方、もう少し思い切った決断もあった。売上金を銀行口座に振り込むための機能が間に合わず、それなしでアプリをリリースすることを決めたのだ。

売上金をメルカリのなかでの購入に使えば問題ないが、現金を手にしたいユーザーも当然いる。特に最初は出品数が少なく、何かを買うニーズは高まらないかもしれない。それにもかかわらずアプリのリリースを優先した。

「ちょっと詐欺みたいだな」。社内ではこんな声も上がった。だが、規約上、最初に出金できるようになるのは販売から2週間後と決めていた。それまでにアプリを更新して間に合わせればいいと割り切った。綱渡りだった。

アプリはiPhoneとアンドロイドの2つに対応したが、当時はアップルのアプリ審査は時間がかかることで有名だった。間に合わなくなるリスクも考え、機能が不十分でも更新が容易なアンドロイド版を先に出すことにした。

メルカリ誕生

アプリのリリースまでにもうひとつ重要な仕事が残っていた。ネーミングをどうするかである。

サービスの内容や使い勝手が重要なのはもちろんだが、名前によって受ける印象はずいぶんと違うものになる。「ひとりあたり少なくても3つの候補を挙げて」。なるべくいい名前を選びたいと考えた山田はメンバー全員にこう伝え、候補を募った。

すべての候補をテーブルに載せて議論を交わし、この4つに絞り込んだ。

- **bagle**（ベーグル）
- 「楽な」「快適な」といった意味のある**cushy**（クッシー）
- フランス語で「謎解き」を意味する**charade**（シャレード）
- ラテン語でマーケット（市場）を意味する**mercari**（メルカリ）

メンバー全員で投票を実施したところベーグルとメルカリの支持が高く、同数の票が入った。

どちらにするか――。「響きがいい」「商いの語源であり、なるほどという印象を受ける」「女性的な響きがあるが、男性が聞いてもそんなに違和感がない」。こんな意見が大勢を占め、メルカリで決着した。

名前を決めた直後、山田は社外取締役の松山に会って説明した。由来や込めた思いについて語っている山田はまんざらでもないという表情だったが、松山は異なる感想を抱いていた。

「ラテン語といわれてもなあ。日本人はスペルを知らないので、すぐ入力できない。分かりにくいしダメなんじゃないか」。だが、すんでのところで言葉を飲み込んだ。

松山が口をつぐんだのには理由がある。しばらく前のことだ。ミクシィがまだイーマーキュリーという社名だったころ、社長だった笠原健治が新しいプロダクトを見てほしいといって訪ねてきた。新プロダクトはSNSだった。

それをしばらく触り、松山はこう伝えた。「この『足あと』という機能があると使いにくい」

しかしこのSNSは大ヒットし、ミクシィが社名となる。もちろん、足あとも人気機能のひとつとなった。「なんとイケてないアドバイスをしたのか」。ミクシィを巡る一件は喉に刺さった小骨のように記憶に残り、松山は思い出すたびに恥ずかしく、気まずかった。

こうした経験があったので山田には感想を伝えなかったのだ。松山の判断が正しかったことが明らかになるまで、そう長くはかからなかった。

5　焦る理由

まだ、山田進太郎がバックパックを背負い、世界一周旅行をしていたころの話だ。

2012年8月、サイバーエージェントがブログサービス「アメーバ」の利用者を対象に、スマートフォンで中古品を売買できる「パシャオク」を開始した。2カ月後には主婦を主なターゲットにした「毎日フリマ」も始めている。

年末になるとパソコンや従来型携帯電話でフリマ「ショッピーズ」を運営してきたインターネット企業のスターダストコミュニケーションズがスマートフォンへの対応に乗り出す。スマートフォンの普及という追い風を受け、年が明けてもフリマアプリは増殖を続けていた[1]。

国内のインターネットを使って個人が物品を売買するサービスの歴史は、ヤフーが1999年に始めた「ヤフー!オークション」、現在の「ヤフオク!」にさかのぼる。パソコンの普及を追い風にして右肩上がりで成長を続けたものの、年間取扱高は2007年の7

335億円をピークに伸び悩むようになっていた。

若い女性などを中心に、携帯電話を通じたインターネットの利用が着実に増えていたが、こうした流れにうまく対応できなかったことが一因だ。さらに、スマートフォンの利用が増えたことにより、逆風が強まっていた。

スマートフォンのフリマアプリの市場が成長していった背景には、ヤフオク！の取りこぼしが目立つようになり、その「空き地」が魅力的に映るようになっていたという事情もある。おかげでフリマアプリがにわかに激戦区となりつつあったのだが、山田たちはこうした動きをどう見ていたのだろうか。

つきあいが長く、メルカリの開発中も2週間に一度は話す機会のあった社外取締役の松山太河は「進太郎はライバルではなく、ユーザーに向き合っていた」と肩を持つ。一方、社内に「ライバルの動きが気になっていた」という声があるのも事実だ。

ライバルのなかでも特に名前が上がることが多かったのが「フリル」だった。インターネット企業のファブリックが運営するフリルはちょうどメルカリがサービスを始める一年前、2012年7月に産声を上げていた。

ライバルはシリコンバレーで刺激

2011年9月、翌年にファブリックの社長になる堀井翔太は、米国西海岸のシリコンバレーにいた。新卒でインターネット企業のECナビ（現VOYAGE GROUP）に入り、この半年ほど前にスマートフォン向けの広告事業を手がける子会社で代表取締役に就いた。まだ26歳だった。

インターネット企業は全般的に若い社員が多いが、それでも26歳で代表取締役になるのはECナビグループで初めてだったという。

堀井は代表取締役に就いた直後の4月下旬、広告関連のカンファレンスに参加するためにシリコンバレーを訪れている。およそ半年ぶりの訪問だった[2]。

堀井には2人の同行者がいた。ひとりは双子の兄で同時にECナビに入社したエンジニアの堀井雄太、もうひとりもECナビの同期入社でデザイナーの竹渓潤だった。堀井はスタートアップ企業の関連イベントなどに参加するための出張、2人は夏季休暇を利用しての旅行兼視察だった。

山田よりも学年が7つ下の堀井も偶然だが、山田と同じように楽天のインターンを経験している。プログラムの一環として楽天が運営していた交流サイト（SNS）や商品データを活用し、個人が中古品を売買できる仕組みを提案した。これで表彰を受けているが、最終的に「より小さい企業で挑戦したい」という思いが強くなり、ECナビに入った。

入社前から起業に興味があり、子会社の代表取締役に就く少し前から休日になると、兄の雄太や仲がよかった竹渓と新たなプロダクトの構想について語り合うようになっていた。実際に小さなプロダクトをつくり、公開することもあった。

ツイッターと連動するイベント共有サービス「イベンタップ」などだ。もっとも、仲間内で「これはいける」と判断してつくったプロダクトでも、ユーザーはまったく反応しなかった。

半年ぶりのシリコンバレーはやはり、刺激に満ちていた。

印象深い訪問先のひとつはグーグルが最初にオフィスを構えたガレージだ。住宅地の一角にたたずむごく普通の一軒家だが、ここでグーグルが誕生し、10年あまりで世界有数のインターネット企業へと急成長したことを考えると、感慨深いものがあった。

もうひとつ驚いたのは、カーシェアリングのゲットアラウンドなどスマートフォンを使ったC2C（個人間）のサービスが急成長していたことだ。

4月に訪問した際はグーグルやツイッター、大型の資金調達で話題になった写真共有アプリ、カラーといった企業のオフィスを見学に訪れ、カンファレンスでこうした企業の幹部の話を聞いた。

だが、今回はライドシェアのウーバーテクノロジーズや民泊のエアビーアンドビーといった企業が話題の中心だった。ザリーという個人に頼みごとができるアプリを使い散髪も試してみた。

起業を目指していた堀井たちがこの出張、旅行で大いに刺激を受けたことは間違いない。帰国するとさっそく具体的な起業の検討に入った。

その後2013年1月に退社し、直後に最初のオフィスとして選んだ物件は一軒家だった。東京・恵比寿に立地し、家賃は月30万円ほどかかる。

決して安くはないが、寝泊まりして仕事を進められるのが好都合だった。物件を探す際はシリコンバレーで目にしたグーグルの最初のオフィスが脳裏をよぎった。一軒家を選んだのは自然なことだった。

現地現物

堀井たちがシリコンバレーを訪問した時期はちょうど、米国で新学期が始まる時期に重なっていた。

スタンフォード大学に足を運ぶと、広々としたキャンパスのあちこちで中古品を売るためのチラシが目に入った。進学や進級の時期には売買のニーズが高まるためだ。白いコピー用紙に売りたい商品の情報と連絡先のメールアドレスを記してある。

「地域を限定し、そこで売り買いが発生するような仕組みがいいのではないか」。起業を検討していた堀井はこう考えた。シリコンバレーで目にしたサービスのトレンド、そしてスタンフォード大で目にしたおびただしい数のチラシが原点だった。

国内でこうした特定の場所で中古品を売買するサービスが必要とされているのはどこか。米国の大学は入寮者が大半を占めるので生活用品を売買するニーズが発生しやすいが、国内は事情が異なる。堀井たちが思いついたのは託児所や児童館を拠点とした子ども用品の売買だった。

だが、本当にニーズがあるという確信はない。しかもイベンタップなどこれまでつくったプロダクトはことごとく鳴かず飛ばずだったこともあり、自分たちの「選球眼」への自信が揺らいでいた。

いくら考えても分からないのであれば、聞くしかない。実際に託児所などに足を運んでみると目からうろこだった。すでにスタンフォード大で見たようなチラシが掲示板に貼ってあったのだ。プロトタイプを見せたお母さんたちも「もう掲示板でやっていますよ」という反応だった。

事業として成立するか自信が持てず、規模拡大となるとさらにおぼつかない。フリーマーケットを意味する英語の一部をとって「Ｊｕｍｂｌｅ」と名付けたプロダクトを開発しかけていたが、ぎりぎりのところで踏みとどまることができた。

この経験がフリルで大いに役立つことになる。

地域限定にあまり意味がないことは分かったが、かといって無制限にするのも不安がある。思案するなかでふと思い出したのが堀井のＥＣナビにおける経験だった。

２００７年の入社当時、社内の大半がパソコン向けのサービスに向いていた。ところが、配属先は新入りの堀井を含めてもわずか４人の携帯電話向けサービスの担当部門だった。

これを振り出しにほぼ一貫して携帯電話のサービスを担当する。途中から様々な携帯電話向けのサイトに広告を売り込む仕事を担当し、この経験を通じて若い女性がブログで中古の衣料品を売買していることを知っていた。

「これだ！」と思う。ただ、以前の経験を通じて慎重さも身につけていた。

当時は交流サイト（ＳＮＳ）のミクシィを使って服やアクセサリーを売っている若い女性が多かった。そうした人を見つけては片っ端からメッセージを送り、話を聞いて回る。メッセージの送信回数があまりにも多くスパムに認定されかける場面もあったが、大量のユーザー調査がフリルの基盤となった。

開発中のアプリも想定するユーザーに見せ、実際に出品の操作を試してもらう。どこで手の動きが止まるか、どこが分かりにくいかをあぶり出し、徹底的に直していった。

コミュニティを絞る

「やはり最初はサクラが必要だ」。社内でこんな会話を交わしたのはサービスを始める2カ月ほど前のことだ。一軒家のオフィスのなかにいると、うっすらと汗ばむような陽気になっていた。

フリマのようなサービスは、売り手と買い手がいて初めて成り立つ。「買う物がない」「出品しても売れない」という事態はどうしても避けなければならなかった。ユーザーは「不便」「つまらない」という烙印を押したサービスの利用をなかなか再開しない。

堀井たちは一計を案じる。週末ごとに東京・渋谷の公園や吉祥寺のファッションビルの屋上で催されるフリマに足を運び、サービス開始直後に出品する服や雑貨を買い集めたのだ。日を追うごとに、オフィスの一角にできた女性の服の山が高くなっていった。

だが、ちょっとした問題が発生する。女性の服を大量に購入する男性の姿は周囲に不自然に映るのだ。ほかの買い物客や売り手の視線が痛い。さすがにこのまま続行するのは難しいと考え、急きょ女性にインターンを頼み、買い物に同行させたり、代わりに仕入れに行ってもらったりした。

もうひとつ考えたのは、出品者をあらかじめ集めておくことだ。いつまでも自分たちで商品を購入して出品する訳にはいかず、実際に使ってくれる人が要る。応用したのはプロダクト開発で活用した手法だ。実際に使ってくれそうな人を探すため、大学の女性だけのサークルに照準を合わせた。

「2000円払うので協力してください」。知りあいのツテも使って声をかけ、出品する服を持って集まってもらう。写真写りがよくなるように、白い大きな方眼紙を持参し、その上に洋服を並べて撮影、出品してもらった。準備が整ってきた。

地道な取り組みが奏功し、実際にサービスを始めると「商品が何もない」という〝惨事〟は避けることができた。最初、メンバー全員が複数のアカウントをつくり、出品から一定期間が経過しても売れない商品を客のふりをして買っていた。だがこうした「サクラ行為」も2週間ほどで終わる。

徐々にではあるものの自然と売買が成立するようになっていった。

このころ効果が大きかったのがファッション誌の読者モデル、いわゆる読モの取り込みだった。読モの衣装代は基本的に自腹だ。誌面に露出する機会を増やし、さらにその都度、違った服を着る必要がある。「一度着用したものを売るニーズは高かった」と堀井はいう。読モがブログでフリルを紹介すると、一晩で数千人が新規登録することもあった。

若い女性というコミュニティにターゲットを絞る戦略が成果を上げつつあった。

3カ月ほどたつと毎月2000~3000件の売買が成立するようになっていた。取引が増えるにつれて負担が増したのが、毎月2回設定していた売上金をユーザーに支払う日の作業だ。このころはまだ手作業だったため、当日は全社員が早起きしてインターネット銀行の振込システムと首っ引きになり、データを一件一件入力していった。

契約先の決済代行会社から都市銀行の口座に振り込まれた売上金を、ユーザーへの振込に使うインターネット銀行に移す作業もあった。このインターネット銀行では、コンビニエンスストアのATMを使って入金すると手数料が無料になる。手数料の支払いを節約するために毎月2回、都銀の口座から数千万円規模で出金し、コンビニまで運んで入金していた。

都銀の担当者は、開設からまもない口座で高額の入金と出金が繰り返されているのを不審に思い、堀井に声をかけた。このころは睡眠時間を削ってメールでの問い合わせに対応していたこともあり、格好はよれよれだった。「オレオレ詐欺」の犯人グループの一味と間違われていたのだった。

決戦前夜

2013年に入ると、ライバルの動きも活発になってきた。

堀井にはスマートフォンを通じたフリマを最初に始め、「フリマアプリをつくった」という自負がある。手応えも感じていた。それだけにライバルの動きがどうしても気になった。

「まねされるのは市場があるということ」「競合が参入してくるのは盛り上がっている証拠」――。春先にはツイッターを通じてつぶやく場面が増えていた。

そんなある日のこと、福岡市で開かれたスタートアップ企業のイベントに招かれた。4月下旬、福岡市の高級ホテル「グランドハイアット福岡」。九州随一の繁華街、中洲のほど近くに建つこの施設で、独立系ベンチャーキャピタル（VC）のBダッシュベンチャーズがスタートアップ企業や投資家、大企業の新規事業担当者を対象とした交流イベント「Bダッシュキャンプ」を催した。

堀井はメーン会場の宴会場に設けたステージに上がり、モデレーターの問いかけに応じて「なぜ今がフリマアプリの好機なのか」「若い女性をターゲットにしたのはなぜか」といった話題について話していた[3]。

来場者は気鋭の電子商取引（ＥＣ）企業の創業者の発言を聞き漏らすまいと耳を澄ませた。

このころになるとフリマアプリの競争は激しさを増し、話題にのぼる機会も増えていた。だからこそＢダッシュベンチャーズは交流イベントでこの話題を取り上げたのだ。

だが、なぜ堀井だったのだろうか。話題の選定や人選を担当したＢダッシュベンチャーズの社長、渡辺洋行に聞いてみると、こう答えた。「フリルは完全に頭ひとつ抜けた状態だった」

実はこの日、交流イベント会場の一角で堀井はコウゾウを設立した山田に会い、言葉を交わしている。

当時、山田は新会社をつくったことは明らかにしていたものの、事業内容はまだベールに包まれている状態だった。

インターネット業界は思いのほか狭く、こうした交流イベントに参加している人の多くは、山田がウノウを米ゲーム会社のジンガに売却したことを知っている。堀井も当然、山田がウノウを売却し、新たな事業を立ち上げようとしていると耳にしていた。ＥＣナビに入社してからほどなくして、ウノウで山田と二人三脚を組んでいた石川篤の訪問を受けたこともあった。

「次は何をやるのですか」。何の気なしに堀井は山田に尋ねたが、明確な答えは得られなかったという。だが、2カ月ほどすると、堀井は山田が言葉を濁した理由を知ることになる。

2013年7月初め、堀井は山田のプロダクトである「メルカリ」を目にした。

さっそくスマートフォンにダウンロードして触ってみたが、写真の撮影から製品情報の登録、出品までのプロセスや、運営会社が出品者と購入者の間に入って支払いや配送の不安を取り除くエスクローと呼ぶ仕組みなどはそっくりに見えた。

一方、両社の間では異なる部分もあった。

フリルが若い女性をターゲットにして男性は利用できなかったのに対し、メルカリは性別、年代、ジャンルを問わない汎用的なサービスだった。コミュニティのつくり方やマーケティングの手法、こうした活動を支える資金調達への姿勢にも大きな違いがあった。

もっともこの時点で、堀井はメルカリの次の一手を知るよしもない。従来とは異なる次元の競争が始まろうとしていた。

6 逆転

２０１３年7月2日、コウゾウはフリマアプリ「メルカリ」のアンドロイド版を公開した。

会社設立から5カ月がたち、ようやくサービス開始までこぎ着けた。ただ、当初から利便性が高かったとは言い難い。時間切れで一部機能の開発を先送りしたため、商品の検索はできなかった。売り手が売上金を出金する機能もない。

プロダクトとしては不完全であり、そもそもスケジュールは当初の計画より2カ月遅れていた。

それでも、東京・六本木のコウゾウのオフィスには、「とにかくアプリをリリースできた」という安堵と高揚感が広がった。「本当に使ってくれる人がいたんだ」――。デザインを一手に担っていた宮上佳子も素直に喜んだひとりだった。

3週間後にはｉＰｈｏｎｅ版のアプリも公開し、ほぼすべてのスマートフォンで使えるようになる。もっとも、最低限の「構え」が整ったにすぎず、順調な滑り出しとはほど遠かった。

当初、山田進太郎は強気だった。アプリの公開直前、日記にこう記している。「正直いって、自信がある」。だが、ダウンロード数を知ると不安が頭をもたげてくる。プロダクトの企画を担当していた富島寛もダウンロード数を見て、「友人の数くらいだな」と感想を漏らした。以前から山田のことを知る数人の記者がインターネット媒体でメルカリについて取り上げたが、反応はほぼ皆無だった。

富島が担当するプロダクトの開発が佳境に差し掛かっていたころ、石塚亮はデータ分析の基盤となるシステムをつくっていた。このひとつに、深夜0時をすぎると前日のダウンロード数をメールで通知する機能があった。

ようやくこの機能も日の目を見たが、システムが毎晩送ってくるメールには目を覆いたくなるような数字が並んでいた。

このころ、メンバーは自分でアカウントをつくり、少ないながらも出品された商品を買っている。ちょうど一年前にサービスを始めたフリルと同じサクラ行為だった。ダウンロード数はなかなか伸びず、自ら買いあげた商品の「在庫」ばかりが増えていく。なかなか思い通りにはいかなかった。

強力な味方と意気投合

ｉＰｈｏｎｅ版のアプリを公開する数日前のことだ。山田は東京・渋谷にあるインターネット企業、ユナイテッドの本社を訪ねた。

ユナイテッドは数回にわたる合併を経て前年の12月に発足したばかりだったが、その歴史をさかのぼっていくとインターネット企業のネットエイジに行き着く。同社が母体となる企業のひとつだ。15年ほど前、渋谷を「ビットバレー」と呼ぶ活動が盛んだったころ、中心にいた企業の一社である。

山田のメンターでありコウゾウの社外取締役を務める松山太河は、ネットエイジに一時在籍していた。山田が設立したウノウはネットエイジ系のベンチャーキャピタル（ＶＣ）から資金を調達したこともある。こうした縁が重なり、山田はユナイテッドの社長、金子陽三に連絡を入れていたのだ。

このころ山田は次の資金調達「シリーズＡ」について考えを巡らせ始めていた。金子のもとを尋ねたのは投資の意向があるかを探るためだったが、別の狙いもあった。

ユナイテッドは２０１２年7月にスマートフォンのホーム画面を自分好みに変更できる着せ替えアプリ「ＣｏｃｏＰＰａ《ココッパ》」を公開し、ダウンロード数は一年で１２００万を突破した[1]。若い女性の支持を集め、ダウンロードの8割超を海外のユーザーが占めていた。

「なぜ海外でうまくいっているのか」。山田はその理由を知りたかった。

「今後、Ｃ２Ｃ（個人間）取引が盛んになる理由は……」。ユナイテッド本社の会議室で山田が説明を始めた直後のことだ。同席していた取締役の手嶋浩己が話を遮った。「その説明は不要ですよ」

ココッパを担当していたため金子から同席を求められていた手嶋は、Ｃ２Ｃと不思議な縁があった。

新卒で入社した大手広告会社の博報堂では同じ部署に、ファッション分野のＣ２Ｃサービス「ＢＵＹＭＡ《バイマ》」をヒットさせ、ちょうど一年前に新規上場したエニグモの創業メンバーがいた。女性向けアプリという共通項があり、フリマアプリ「フリル」を立ち上げたファブリックの社長、堀井翔太とも交流があった。

２０１２年12月にユナイテッドが発足する前には、ココッパなどに続く新規事業として自社でフリマアプリを運営することも考えている。

ただ、このときは詳細な検討に入る前に手を引いていた。「大きな事業になるという直感はあったが、それなりの体制を用意することが前提になる。当初は大きな赤字に堪える必要もあり、現在のユナイテッドや僕の手には負えない」と考えたからだ。

だが、山田の話を聞いていると、いったんは諦めた新規事業への欲が頭をもたげるのだった。

「進太郎さんというネットサービスをずっとつくってきた人が本気でやると言っている。自分たちでやるのは難しくても、一噛みできるのではないか」

ココッパを通じて学んだことをもとに「自分だったらこうする」と親身にアドバイスし、山田も熱心に耳を傾けた。同世代でアプリの開発という共通の話題がある2人が意気投合するのに時間はかからなかった。

この少し前からやむにやまれず、メルカリはインターネット広告の利用を始めていた。反応は悪くない。山田はもっと広告に費用を投じたいと考えていた。

今後6カ月間、広告に毎月5000万円ずつ使う。何回にも分けて資金調達するのは効率が悪いので、まとめてやりたい。これが山田のプランだった。一方、手嶋は自社でフリマアプリを始めることを考えていたので、どうせやるのであればしっかりと関与したい。だからこう提案した。「持ち分法適用会社にするくらいならいいですよ」

企業は連結財務諸表をつくるとき、持ち分法適用会社の損益を反映する必要がある。子会社よりも影響は小さいものの一定の責任が発生し、少額出資と比べるとより真剣に経営に向き合う必要が生じるのだった。

2人のやり取りからほどなくして以下のような「素案」が固まる。企業価値を示すバリュエーションを15億円に定め、ユナイテッドが第三者割当増資と新株予約権付社債の引き受けにより3億円を出資する。社債を株式に転換すると持ち分法適用会社とすることも可能になるという絶妙なさじ加減だった。

非常識

ただ、当時の常識に照らし合わせると、これはあまりにも非常識な内容と言わざるをえなかった。

このころメルカリの一日のダウンロード数はまだ数千にとどまっていた。メンバーですら毎晩、その日のダウンロード数を知らせるメールを見てうなだれていたほどだ。しかも、先行するフリルがすでに売上高の10%を手数料として徴収していたのに対し、後発のメルカリはまだ無料だった。ライバルに勝つ保証はなく、いつ黒字化するかも分からなかった。

当然、ユナイテッドの取締役メンバーからは慎重な意見も出た。

出資を決めるユナイテッドの臨時取締役会は2013年8月13日に予定されていた。手嶋は今でもこの日付をそらんじることができる。

その一週間ほど前、3人の共同創業者は松山太河と東京・六本木の焼肉店で会食した。手嶋からは「現在のバリュエーションだと取締役会を通るかどうか五分五分。もう少し下げれば100%通せる」という感触が伝えられていた。

バリュエーションを下げる場合、2つの方向性がある。投資家の出資比率を決めている場合は調達できる金額が少なくなり、事業計画はスケールダウンを余儀なくされる。一方、金額ありきの場合は出資比率が高くなり、経営の独立性は低下してしまう。

いずれにしてもスタートアップ企業にとってありがたい話ではない。

シリーズAの交渉はとんとん拍子に進んできたが、ここにきてもたらされた五分五分という報告は重かった。

焼肉店の一角は重苦しい雰囲気になる。「やはり安全策をとった方がいいのではないか」。誰からともなくこんな発言がでたが、山田だけは違っていた。

山田には一度こうだと決めると、テコでも動かない頑固な一面がある。このときもそうだった。

「これでやる」

断固とした口調で言い切った。

実は山田のなかでも強気と不安が交錯していた。「ユナイテッドにとってもいい取引」。

こう思う一方、「少し強気に交渉しすぎたかもしれない」との気持ちもあった。だが、このときは強気が勝った。

とはいえ、ユナイテッドの取締役会の行方が気がかりであることに変わりはない。「もし決まらなかったらどうしよう」。不安も漏れたが、「そうなれば自分で出資するし、(松山)太河さんも出す」と押し返した。

松山は「シードラウンド」の5000万円でさえもやっとの思いで出した経緯がある。しかも、つい最近のことだ。「ああ……」。突然の提案に対し、松山の口をから出たのはこんな間の抜けた一言だった。

山田の気持ちはよく分かっているつもりだったが、この場面で追加投資を確約することは松山にはできなかった。

100万ダウンロード

2013年8月13日、ユナイテッドの臨時取締役会は波乱もなく、無事に終わった。「手嶋がそこまでいうのであればやらせてみよう。結果はどうなるか分からないが、ユナイテッドにとってプラスになる」。取締役会ではこんな意見が大勢を占めるようになり、非常識な提案は通ってしまった。

「この時期の会社にあの評価はおかしい」「アーリーステージの企業のバリュエーションが高騰して迷惑」――。ベンチャーキャピタル（VC）のかいわいでは当然、こうした声が上がったが、手嶋はどこ吹く風だった。

確かに設立からまもないスタートアップ企業への単純な投資という観点でみるとおかしいかもしれないが、手嶋、そしてユナイテッドにとってはあくまでも新規事業の一環という位置づけである。

だからこの日のプレスリリースには「資本・業務提携」と記し、「将来の関連会社化も視野に入れ」としっかりと書き込んであった[2]。

2013年8月末にはコウゾウの口座に予定通り3億円が入る[3]。同時に手嶋が東京・六本木のコウゾウのオフィスを訪れ、インターネット広告の運用方法を手取り足取り教える「指導」が始まった。

手嶋のキャリアの振り出しは大手広告会社の博報堂で、インターネット業界に転じてからも広告分野の経験が長い。ココッパなどアプリ開発に軸足を移してもなお、広告の世話になっていた。

「まずは結果の数字を度外視していいので、やってみましょうよ」

オフィスには手嶋の声が響く。それまでもメルカリはインターネット広告を出稿していたが、経験が乏しいメンバーはおっかなびっくりだった。出稿によって変化する様々な数値を参考にしながら、次の一手を打つのが精いっぱいだった。

これでもじわじわと改善していくことは可能だ。だが、爆発的な伸びを求めるのであれば、広告の量やターゲット、時期、内容について大胆に仮説を立て、実行するしかない。

「だまされたと思ってやってみてよ」。最初はメリハリを利かせたプランに対して周囲は半信半疑だったが、ダウンロード数が上向き始めると、手嶋を見る目が変わってきた。

もちろん、広告だけで利用が増えるほど甘くはない。

富島寛を中心とするプロダクト担当チームは、同時に大急ぎでアプリの不備を修正していった。9月になると懸案だった検索機能を追加し、キーワードなどで商品を探せるようにした。売上金の支払いも可能にし、まだまだ改善は必要だったが最低限の機能をそろえていった。

「アプリのアイコンを変えるとダウンロード数が増える」。山田がこんな話を聞きつけてくると、デザイナーの宮上佳子が期待に応えた。

色や形、背景をこまごまと変え、紅葉やクリスマスプレゼントをデザインにあしらったものも用意した。日の目を見なかったものまで含めると、その数は200を優に上回る。

ダウンロード数を伸ばそうと皆、必死だった。

秋が深まるとともに、広告予算の消化が順調に進むようになってくる。ダウンロード数を示すグラフは右肩上がりの傾向が鮮明になってきた。

先行したフリルにとっては、読者モデルのブログへの書き込みといった口コミがダウンロード数を伸ばす切り札になっていたが、後発のメルカリの戦い方はまったく違うものだった。インターネット広告に多くの資金を回し、それによって赤字が膨らむことへのためらいはなかった。

当時、メルカリのサーバーは予算の制約もあり、まだ一台しかなく、アクセスが集中してたびたびダウンするようになっていた。

以前からサーバー構築はインターネット分野のスタートアップ企業にとって重要な課題だった。過剰に用意すると資金を圧迫し、立ち行かなくなる。一方、少なすぎると速度低下やシステムダウンのリスクが高まる。

アマゾン・ドット・コムなどのクラウドサービスを使えば拡張は容易だ。だが、とにかくサービスを始めるまでの時間を短縮したかったコウゾウは一台の高性能サーバーを確保し、そこにすべての機能を押し込むことにした。こちらの方がセットアップにかかる時間がかからないと判断したのだ。

メンバーはよく夕食を一緒にとっていたが、なぜか東京・赤坂の火鍋の店にいくと「事故」が起きる。激辛鍋をつついているときに一報が入るといつも、酒の飲めないエンジニア、鶴岡達也が復旧のための〝犠牲者〟となるのだった。

「鶴ちゃん、よろしくね」。皆に見送られて鶴岡がサーバーの復旧に戻る頻度が高まるとともに、累計ダウンロード数が100万に近づいていった。

ライフスタイルを変える

ダウンロード数が増えるペースが確実になってきた晩秋のことだ。

山田はドリコム社長の内藤裕紀や、コミュニティファクトリーの社長を務め、当時はヤフーに在籍していた松本龍祐らと一緒に、かに料理を食べにいく約束を交わした。会食の参加者にはミクシィのオープン化に触発されてソーシャルゲームの開発に乗り出したという共通点があった。

この日の会食のメンバーのひとりに、最高財務責任者（CFO）としてミクシィのオープン化を支えた小泉文明がいた。

大和証券出身の小泉はミクシィの新規上場を担当したのを機に、同社の創業社長、笠原健治に見初められてミクシィに転じた。だが、２０１２年に同社の取締役を退任し、再就職先は決まっていなかった。

会食が始まる一時間前、山田と小泉は東京・赤坂のスターバックスで落ち合う。席に着くと挨拶もそこそこに、山田は本題を切り出した。

「次は何をやるの？」

２人の出会いはこの7年ほど前にさかのぼる。新規上場からまもないミクシィに入社した小泉は「社長室」と記された名刺を持ち歩いていた。社長室といっても所属するのは小泉だけだ。ここで笠原の特命担当のような役割を果たす。当時のテーマのひとつが新規上場で手にした資金を活用したＭ＆Ａ（合併・買収）だった。

ミクシィは交流サイト（ＳＮＳ）を始める前に求人情報サイト「ファインドジョブ」を立ち上げ、安定的な収益を上げていた。

この事業を中心とする企業として新規上場するというのが当初のストーリーだったが、小泉は「これからはＳＮＳの時代が来る。ＳＮＳのプラットフォーム企業として上場し、獲得した資金でプラットフォームにのっかる企業をＭ＆Ａしましょう」と売り込む。この提案を笠原が気に入り、すでに決まっていた別の証券会社を押しのけて大和証券が主幹事の座に就いた経緯があった。

ミクシィに転じた小泉は自分の以前の提案に基づき、M&Aの対象となる企業の掘り起こしに取りかかる。このときに思いついた企業のひとつが山田の率いるウノウだった。

コウゾウの共同創業者となる富島が「ウノウブログ」の技術情報に注目していたように、小泉もその内容にときどき目を通していた。2007年初め、約束を取り付けた小泉は東京・渋谷のウノウ本社を訪れた。

結局、ウノウは「PHP」、ミクシィは「Perl」と使っていた開発言語が異なることもあり、買収に向けた話し合いが深まることはなかった。だが、これを機に2人はつかず離れずの付き合いを続けるようになる。

山田に進路を問われた小泉は思っていることを素直に口にした。大和証券やミクシィでは働きづめで、まともに夏休みをとったこともなかった。ミクシィの取締役を退いてからは長期の海外旅行に出かける一方、社外取締役としていくつかのスタートアップ企業を支援していた。

当時の支援先の多くは数年内に新規上場しているので成功したといえるのだが、違和感も覚えるようになっていた。

証券会社の担当者として関わることになるミクシィは消費者向けのプロダクトを提供していた。一方、このころの支援先の多くはインターネットを活用した印刷や広告など企業を対象としたサービスを手がけていた。同じインターネットといっても方向性は異なる。

あまり面白くないな、というのが小泉の正直な気持ちだった。「やはり、多くの人に使われてライフスタイルを変えるようなサービスに携わりたいと思っている。僕は実際にサービスをつくることはできないが、そういう会社をつくりたい」

小泉の話を聞いていた山田は「それなら一緒にやろうよ」と声をかける。小泉は先行した他社のフリマアプリに注目し、さらにさかのぼると、ミクシィのコミュニティで物品が売買される様子を目にしていた。山田の誘いが魅力的に感じられた。

2人はこの後、かに料理店に移動して舌鼓を打つ。共同創業者の富島や石塚との面談を経て正式に入社したのは2013年12月半ばのことだ。大みそかまであと2週間ほどになっていた。

カオス

「メルカリ、元ミクシィ取締役CFO小泉文明参画について」――。コウゾウは2013年11月に社名をメルカリに変更している。新社名で出した最初のプレスリリースは小泉の入社を知らせるものだった[4]。

このリリースに記した問い合わせ先は小泉本人である。自分で自分の入社を知らせるという、大手企業だったらあり得ない展開となった。それだけ人がいなかったのだ。

小泉はメルカリの管理部門の社員としては2人目になる。一足早く、グリー出身の掛川紗矢香が入社していた。

掛川はいくつかのスタートアップ企業で管理部門の立ち上げを経験し、公認会計士の資格を取るために専門学校に通ったこともある。直近の勤務先であるグリーでは海外拠点の立ち上げに携わったが、なかなか軌道に乗らない。新天地を求めてメルカリに転じた。

「とりあえず数字回りを全部見てほしい」。山田の求めに応じて入社した掛川が東京・六本木のメルカリのオフィスで目にしたのは、カオスと呼べる状況だった。山田は事業計画をつくる実務を任せたつもりだったが、その前提となる決算がどうもおぼつかなかった。

メルカリは6月を決算月としていた。第一期となる2013年6月期は税理士でもある山田の母親が手伝ってどうにか処理を終えていたが、問題はその先だった。

オフィスの一角には交通費や、社員の誰かが立て替えた備品購入費などの領収書が無造作に詰め込まれた箱が置かれ、辛うじてクリアファイルを使って月ごとには分別しているという状況だった。

「これは何でしたっけ」。本来はエンジニアだが、このころはやむを得ず経理も担当していた石塚に尋ねながら、領収書の山を切り崩しにかかった。

山田の母にも協力を求めた。何度か住まいのある名古屋からオフィスまで来てもらい、それまでの経緯を聞いた。膝を突き合わせて話していると、掛川は「山田のところに嫁入りしたみたいだな」と思った。

小泉が入社したのはちょうど、こうした作業が一段落ついた時期だった。

そもそも山田がなぜ、掛川に続いて小泉も招いて管理部門を強化しようとしたのか。きっかけのひとつは少し前に参加したある勉強会で、コロプラ社長の馬場功淳から聞いた話だ。

コロプラは2013年3月にソーシャルゲーム「魔法使いと黒猫のウィズ」、通称、黒ウィズをリリースし、これが当たっていた[5]。

黒ウィズがヒットした要因を尋ねられた馬場はテレビCMの効果について熱心に語った。まずインターネット広告を使って累計ダウンロード数を100万単位まで増やし、その段階でCMを流す。CMの最後でダウンロード数を示すとユーザーの拡大を加速できる。こんな説明だった。

同世代の起業家の経験を聞き、山田はがぜんテレビCMに興味を持つ。ただ、CMを制作、放映するには数億円規模の資金が必要だった。

メルカリは8月にユナイテッドから3億円を調達していたが、すでにインターネット広告や採用に費やしていた。どうみてもCMに回す資金があるような状況ではなかった。

残された道は新たな資金調達となる。「シリーズB」の準備として事業計画の策定に取りかかり、掛川にその実務を委ねた。だがほどなく分かったのは、「大きな調達をするためにはきちんとしたCFOが要る」ということだ。

証券会社出身でミクシィのCFOも務めた小泉が入社したことにより、どうにか体制が整った。だが、当時はスタートアップ企業のテレビCMは珍しく、あったとしてもゲームがほぼすべてだった。

フリマアプリのCMを流し、ユーザーを一気に獲得することが可能なのか。前代未聞の大勝負が始まろうとしていた。

強気を貫け

すでに山田がシリーズBの資金調達に向けて投資家回りを始めていたが、入社したばかりの小泉がその役割を引き継ぐことになった。

このときの山田や小泉が思い描いていた調達金額は約12億円、前提となる企業価値の評価（バリュエーション）はポスト（調達後ベース）で90億円だった。8月にユナイテッドを対象にシリーズAを実施した際のバリュエーションは15億円だったので、うまくいけば半年足らずで6倍に膨らむことになる。

小泉の入社時にはインターネット広告の効果もあり、メルカリのアプリの累計ダウンロード数は100万を突破していた。とはいえ、依然として販売時の手数料は徴収しておらず、売上高はゼロだ。

この分野では一年早くサービスを始めたフリルが先行し、2013年11月にはヤフー、さらに12月にはLINEも参入してきた。問題は、「その他大勢」のひとつにすぎないメルカリに90億円の価値があると認めるベンチャーキャピタルがどの程度いるかだった。シリーズAでは山田の強気が目立ったが、今回は小泉が前面に立った。当然、あまりにも強気なバリュエーションに多くのベンチャーキャピタルはたじろぐが、冷ややかな視線を感じても臆することはなかった。

「インターネット業界には7〜8年のスパンで大きな波がやってくる。1990年代後半のヤフーや楽天、2000年代半ばのミクシィやグリー、次はメルカリやアカツキだ」

スマートフォンの普及によりゲームのルールが変わる。新たなゲームを制するプレーヤーの一社がメルカリだと訴え、社外取締役を務めていたゲーム開発会社のアカツキもちゃっかりと一緒に売り込んでいた。

小泉が12億円の調達に強いこだわりをみせたのは、ミクシィとの関わりを通じて得た体験があったからだ。

ミクシィは日本のSNSの代表格となったが、実はこの分野で先行していたのはグリーだった。後発のミクシィは追撃に向け、一足早く安定的な成長軌道に乗っていた求人サイト運営事業からの収益を、集中的に投下した。

プロダクトの力はさることながら、資金力の差で勝った――。こう痛感した。

ミクシィの経験を応用すれば後発のメルカリも先頭に立つことが可能だが、ライバルに先を越されたら2度と浮上できなくなる。勝者総取りがインターネットの掟だ。メルカリはカテゴリーキラーになれるかどうかの瀬戸際にいると映った。

もちろん、不安なそぶりはこれっぽっちも見せず強気一辺倒で交渉に臨んだが、法外ともいえるバリュエーションはそう簡単に通らない。

交渉を前に進めるうえで武器になったのが流通総額（GMV）だった。インターネット広告への投資を続け、流通総額は増え続けている。その成果を毎回、ベンチャーキャピタルを訪問する際に持参した。2014年に入り、訪問回数が増えていった。

ただ、インターネット広告のアクセルを吹かし続けると、メルカリの預金通帳の残高が減るペースが上がっていく。〝米びつ〟が空になるのが先か、ベンチャーキャピタルがバリュエーションを飲むのが先か。メルカリとベンチャーキャピタルのチキンレースだった。

先に音を上げたのはベンチャーキャピタルだった。

「確かにバリュエーションは高いが、毎回上がる流通総額を見ていると『これはいけるのでは』と思えるようになった」

メルカリの提示した条件をまず飲んだのは国内のベンチャーキャピタルとしては老舗格のグローバル・ブレインだった。

同社の決断が契機となり、他社の姿勢にも変化が見え始めた。2月末になるとグローバル・ブレイン、グロービス・キャピタル・パートナーズ、伊藤忠テクノロジーベンチャーズ、GMOベンチャーパートナーズなどから総額14億5000万円を調達する枠組みが固まり、一カ月後には無事に着金した[6]。

テレビCM

「無事に入金されていました」。2014年3月31日、小泉はメルカリの管理部門をみていた掛川から連絡を受けると、即座に博報堂の担当者に連絡を入れた。「話を進めてください」

少し前からテレビCMの準備は始めていた。とはいえ、先立つ資金はおぼつかない。最悪、資金調達に失敗すればそれまでの準備は無駄になる。こうした状態の企業からCMの制作を請け負いたいという広告会社はそんなに多くはない。

紆余曲折の末に、メルカリの無理筋な依頼を聞き入れたのは博報堂だった。２０１３年8月のシリーズAで3億円を出資したユナイテッドの実質的な大株主であり、出資に合わせて社外取締役に就いた手嶋も博報堂の出身だった。

先行するフリルは若い女性をターゲットにしており、男性はユーザー登録すらできないようにしていた。一方、メルカリは性別、年齢、商品ジャンルを問わない幅広さが売りだった。

当然、CMでも目に見える違いである「オールジャンル」を訴えるのが王道だが、このときのメルカリの考え方は違っていた。

「トレンドセッターの20代、30代の女性をまず動かしたい」。小泉は社内で説明した。当然、フリルの「得意客」を一気に奪いにいく思惑もあった。

準備を進めるなかでCMの出演者として浮上したのが、テレビ番組「テラスハウス」に出演していた筧美和子だ。若い男女が一つ屋根の下で暮らす様子を「観察」するリアリティ番組は若い女性の間で人気を集め、筧への注目も高まっていた。もっとも少し年齢層が上がると知名度はそれほどでもなく、筧のことは山田も知らなかったくらいだ。それでも若い女性への訴求を優先し、小泉は「40代以上はひとまず捨てる」と割り切って考えた。

CMでもうひとつ工夫したのは、視聴者の記憶に残るようなしかけづくりだった。資金調達に成功して放映にこぎ着けたとしても、大手企業のように長期間にわたって大量に投下できる訳ではない。限られた放映回数でいかに強い印象を残すか。短期決戦を余儀なくされたスタートアップ企業ならではの課題だった。

放映したCMには「メルカリ」という、やや高い声が特徴的な早口のサウンドロゴが複数回にわたって入っている。これは多くの候補を用意し、そのなかから選んだものだ。コンマ一秒単位で違うものをつくり、博報堂の女性社員、友人や知人のツテを使って集めた20~50代の男女に聞いてもらい、反応をみて決めた。

最終的に採用したサウンドロゴは20代、30代は全員、聞き取ることができたものだ。一方、それ以上の世代になるとおぼつかない。「メリカリ?」などという反応もあった。ターゲットとなる層が違和感を覚えるかどうかという微妙なライン、軽めの違和感を持つぎりぎりのあたりが落としどころになった。

ＣＭは２０１４年５月10日に放映することが決まった。14億５０００万円の資金調達により準備は加速する。４月半ばには累計ダウンロード数が２００万を突破し、ＣＭでこの点を訴求することもできる。すべてが計算通りに運んでいるかのように映ったが、想定外の事態が起きる。

「考査を通らないです」。４月半ば、小泉に連絡を入れた博報堂の担当者の声はややうわずっていた。

テレビ局はＣＭを放映する際に、事前に広告主のサービス内容（業態）やその表現が放送基準などに抵触していないか審査するプロセスを設けている。これを考査と呼ぶ。ただ、フリマアプリのＣＭは初めてであり、メルカリの社内にこうした手続きを知る人が誰もいなかった。

当時、フリマアプリの知名度はそれほど高くなく、テレビ局の考査担当者もその事業内容を十分に知らない。個人間取引のため、「商品が届かない」「代金が支払われない」といったトラブルが起きるのではないかと警戒した。

このままではＣＭが流れないかもしれない――。準備したＣＭを放映できなければユーザーの拡大に向けたスケジュールが狂う。しかも、すでに放送枠を押さえており、放映の有無にかかわらず代金が発生する状態になっていた。

悪いことには悪いことが重なるもので、多くの人が休みをとり、考査を担当するテレビ局の社員も出社しないゴールデンウィークが間近に控えていた。とにかく時間がなかった。どうしたらいいか——。関係者が頭を抱えるなか、小泉は大和証券での経験を思い出した。証券会社では企業の新規上場をサポートするにあたり、「上場審査資料」をつくって社内に回すプロセスがある。これを応用できないかと考えたのだ。

小泉が急いで用意した資料にはこうした項目が並んでいた。会社概要、強み、弱点、リスクファクター……。上場審査資料の項目を踏襲したものだ。

しかも資料はプレゼンテーションソフトのパワーポイントではなく、ワードでつくる。ワープロの書式ならテレビ局の担当者が簡単に社内向けの書類にコピー・アンド・ペーストし、スムーズに審査に入れるだろうという配慮だった。

こうした工夫が奏功し、ゴールデンウィークの最中に博報堂から「全国のテレビ局の考査を通った」との連絡が入る。放映は数日後に迫っていた。

強引な誘い

テレビ局の「考査問題」に解決の兆しがみえたとき、メルカリの顧客サポート（ＣＳ）担当のマネジャー、山田和弘は本社のある東京・六本木ではなく、仙台市にいた。

この日だけではない。メルカリは3月にイーストベンチャーズのシェアオフィスを引き払って六本木通りに面したビルの7階に移っていたが、4月中旬に入社した山田は「新居」へは一度も顔を出せずじまいだった。

２０１３年秋、メルカリに入ることを決めた直後に小泉は山田に連絡を入れた。フェイスブックのメッセンジャー機能を使って「元気？　最近どうしている？」と声をかけ、面会の約束を取り付ける。小泉と山田和弘はこの時点ですでに7年以上の付き合いがあった。

小泉は２００６年半ば、大和証券の社員として新規上場の準備を進めるミクシィに出入りしていた。当時、ミクシィに顧客サポートの責任者として入社してきたのが山田だった。

上場準備の一環としてミクシィは、不適切な画像の貼り付けといった問題を解決する必要に迫られていた。山田は小泉と連絡を取り合い、24時間稼働の監視チームを設け、ユーザーからの通報に対して迅速に対応する体制を整える。新規上場のハードルを取り除く役割を担った。

上場後に小泉はミクシィに入社し、CFOに就任する。肩書こそCFOだったが管理部門全体に目配せする立場だった。山田の直接のリポートラインではないものの、「斜め上」の上司といった役回りになる。SNSが「出会い系」として活用されたり、高額課金が社会問題になったりすると、「山ちゃん」こと山田の協力を得て監視体制の強化といった取り組みを進めた。

メルカリは資金調達とテレビCMの放映を予定していたが、ひとつ欠けているピースがあった。顧客サポートだ。山田進太郎がウノウでヒットさせたソーシャルゲーム「まちつく！」にしても、小泉が5年半ほどを過ごしたミクシィにしても、ユーザーの満足度という点で大きな役割を果たすのは顧客サポートだった。

山田和弘は小泉が知るなかで、こうした事情にもっとも詳しいひとりだった。

ミクシィではコミュニティが大きくなるにつれて、ユーザー同士のトラブルも目に付くようになっていった。議論が白熱するとだんだんと遠慮がなくなり、中傷や脅迫ととられかねない言葉が飛び出す。

ユーザーからの指摘を受けたり、監視の網にこうしたやり取りが引っかかったりすると、ルールに従って書き込みを削除して秩序を回復する。山田はこうした役回りを担った。

以前は通信会社でブロードバンド回線などの顧客サポート業務を担っていたが、ユーザーが形づくるコミュニティというものに初めて接すると面白いなと思った。山田は小泉から事情を聞き、顧客サポートの体制の構築について助言した。ただ、すぐにメルカリへの入社を決めた訳ではない。

ミクシィはＳＮＳ事業の失速が経営に深刻な影を落とし、幹部や社員の離脱が相次いでいた。だが、山田は残留する道を選び、ミクシィはソーシャルゲーム「モンスターストライク」のヒットで息を吹き返した。ミクシィでの仕事が一息ついたこともあり、山田は転職を考えるようになっていたが、小泉から声がかかったのはちょうどそんな時期だった。

「すでに30代半ば。転職するとしたら最後のチャンスと思っていたが、社員が20人足らずのスタートアップに入る決断は容易ではなかった」

２０１４年3月半ば。小泉、そして山田進太郎の２人と山田は面会する。この場で強く入社を求められると、「入社できるとしても夏くらいになると思う」と伝えた。

同業ではないものの同じインターネット分野の企業への転職でもあり、配慮もいる。そもそもすでにミクシィには8年近く在籍しており、そう簡単に辞められるはずもなかった。夏くらいという返事は相当、譲歩したつもりだったが、山田進太郎は納得しなかった。

「夏といっても6月と9月とではずいぶんと違いますよね」

山田進太郎には、強引にならざるを得ない事情があった。ＣＭの放映まで２カ月を切っており、本格的な顧客サポート拠点の立ち上げは急務だった。ダウンロード数の増加に伴って問い合わせの件数も増えており、経験を積んだマネジャーが必要になっていた。

ここで抜本的な手を打たないとユーザーを待たせることになり、せっかくCMでダウンロード数が増えても、評判を落とすことになりかねなかった。

山田進太郎の気迫に押され、思わずこう口にした。「では4月で……」。本人としては夏ごろの入社でもかなり頑張った返事だと思っていたが、もっと背伸びしないとその場が収まらないような気がした。

こうして山田の入社は4月中旬に決まった。

入社直後に向かったのが仙台だった。すでに不動産会社から提案を受けていた複数のビルを見て回り、顧客サポート拠点の場所を決める。実はミクシィ在籍中に山田は仙台で同じような拠点を立ち上げている。行政ともコネクションがあり、立地そのものは迷うまでもなく仙台にした。

現地のレンタルオフィスやビジネスホテルを拠点に、パソコンなどの設備を備え付ける業者の手配、スタッフの採用、にわか仕込みの教育が進む。東京・六本木からの応援も含めてどうにか10人ほどの体制で問い合わせに対応できるようになったのは、CM放映が始まる直前だった。滑り込みセーフだった。

ステージが変わる

２０１４年5月10日、全国のテレビでメルカリのＣＭが流れた。東京・六本木のメルカリの本社ではテレビを一台購入し、この日に備えた。

東京湾にかかるレインボーブリッジを臨むテラス席にカップルが向き合って座っている。「メルカリって知ってる?」。彼女役の筧美和子が尋ねると、テラスハウスで共演した菅谷哲也の演じる彼氏が「ドラッグストアでしょ」ととぼける。

筧は「スマートフォンで写真を撮影してフリマのように売り買いできるサービス」と説明し、ハンドバッグを購入する。さらに「売るときは?」と質問を受けると、菅谷からもらった旅行の土産を出品し、すぐに売れてしまう。こんなコミカルな内容だった。

30秒のＣＭの最中に、早口のサウンドロゴが3回流れる。コロプラの馬場の「助言」に忠実に従い、「２００万ダウンロード突破!」と大きく表示した。最後にはだめ押しで「国内最大級のフリマアプリ」と入れていた。

効果は絶大だった。

直後からダウンロード数は毎月、およそ50万ずつ増加し、流通総額も順調に増えていった。当初はガラガラだった仙台の顧客サポート拠点では毎月10人のペースでスタッフが増え、一年ほどで早くも移転拡張を検討しなければならないほどだった。

ＣＭの効果を目にして、プロダクトの開発を担当していた富島はこう思った。「振り切った。ステージが変わった」

２０１４年9月にアプリの累計ダウンロード数が５００万に達し、さらに勢いを増していく。「シリーズＣ」の資金調達で23億６０００万円を調達し、再びＣＭを放映した効果が出た。

「うまくいかなければ元に戻すことも考えよう」。この少し前、メルカリ社内では手数料の徴収に向けた議論が大詰めを迎えていた。

ダウンロード数や流通総額は順調に増えており、有料化しても影響は軽微なはずだ。こうした見方が多かったが、一抹の不安をぬぐいきれない。

そこで一計を案じた。再びＣＭを流すことでダウンロード数をあらかじめ増やしておき、有料化の悪影響を相殺しよう。万が一うまくいかなければ、再度の無料化についても柔軟に考えればいい。いわば保険としてのＣＭであり、そのための資金調達だった。

だが、心配は取り越し苦労に終わる。２０１４年10月から販売時に10％の手数料を徴収する仕組みを導入したが、目立って大きな影響は出なかった。翌年2月には累計ダウンロード数が１０００万を突破した。

第2期となる2014年6月期もメルカリの売上高はゼロだったが、翌期はいきなり40億円あまりの売上高を計上する。さらに次の期に売上高は一気にこの3倍まで膨らむのだった[7]。

同じころ、ライバルの顔ぶれはめまぐるしく入れ替わった。

2014年秋にはサイバーエージェントが音を上げて「パシャオク」、そして「毎日フリマ」を改称した「マムズフリマ」のサービスを相次いで終了した[8]。ヤフーも「クロシェ」を一年半足らずで閉じる判断を下した。

一方、楽天は2014年11月に「ラクマ」を始める[9]。C2C（個人間）取引では「楽天オークション」を手がけてきたが、若者を中心にフリマアプリの利用が広がっており、〝隣地〟の活況を無視できなくなっていた。

競争の構図がめまぐるしく変わるのを目の当たりにして、「フリル」を運営するファブリックの堀井翔太は方針転換を余儀なくされた。

フリルはサービス開始当初から10％の手数料を徴収し、すでに黒字化していた。このため外部資金を調達する必要はないと考えていたが、だんだんと悠長に構えていられなくなってきた。

「ご相談があります」。2014年半ばに堀井が訪ねたのはコロプラの社長、馬場だった。

メルカリの山田進太郎にCMの効果を説いたあの馬場である。

堀井はコロプラを代表するシミュレーションゲーム「コロニーな生活」の熱心なユーザーで、しばらく前にある勉強会で馬場と知りあいになっていた。

馬場は堀井の説明を聞き、増資に応じることを決める。堀井はクックパッド、ベンチャーキャピタルのジャフコも口説き落とし、約10億円を調達した[10]。

この資金を利用し、女優の沢尻エリカの出演するテレビCMを制作する。メルカリから約5カ月遅れ、フリルのCMもテレビから流れた。2015年7月には男性にもサービスを開放し、女性からファッション全般へとかじを切った。

資金調達を通じて堀井は実感する。「メルカリはすでに多くの投資家に声をかけており、資金調達の競争になると分が悪い」

真正面からぶつかる事態は避けたいと思っていたが、2016年3月になると衝撃的なニュースが飛び込んできた。メルカリが84億円を調達する——。当時、国内のスタートアップ企業の資金調達としては空前絶後の規模だった[11]。

メルカリではシリーズCまでの資金調達は小泉が主に担当していたが、これが終わるころになると「なんちゃってCFOではそろそろしんどい」と漏らすようになっていた。

小泉はCFOの役割も担っていたが、あくまでも管理部門全般の担当だった。プロのC

FOを求めて知人に紹介を頼み、米証券大手ゴールドマン・サックスに在籍していた長澤啓に会う。半年に及ぶ交渉を経て長澤を口説き落とし、CFOとして迎え入れた。

長澤にとってメルカリでの初仕事が「シリーズD」の資金調達で84億円を確保することだった。既存株主に加えて三井物産や日本政策投資銀行などが増資に応じ、バリュエーションは1000億円超に膨らむ。メルカリは日本初のユニコーン企業になった。

「生半可なことではムリだな」。メルカリの動きを目の当たりにしたファブリックの堀井は直感し、周囲に漏らした。

同時に思ったのはこんなことだ。フリマアプリは参入も多く、コモディティになる。次の戦場は売上金をどう使うか、つまり決済だ。

こうして大規模な資金調達と決済分野に強い企業との提携を模索し始める。ほどなくして「ラクマ」を運営するチームに知人がいるという縁もあり、楽天にたどり着いた。

2016年9月、楽天はファブリックの発行済み全株式を取得し、同社を完全子会社にした[12]。国内のフリマアプリ市場は、後発ながらメルカリが頭ひとつ抜けだし、ファブリックを傘下に収めた楽天が追い上げるという競争の構図になった。

7 求心力

話は2013年12月、小泉文明がメルカリに入社した直後までさかのぼる。

山田進太郎はテレビCMを流すというアイデアを聞きつけ、準備に取りかかっていた。そのために必要な「シリーズB」の資金調達の目標金額は約12億円。今でこそ頻繁に目にするスタートアップ企業の資金調達の規模だが、当時としては決して低くないハードルだった。

マーケティング活動でアクセルを踏み込む前提となる顧客サポート(CS)の体制整備も急務だった。

「まるでカオスだ」。東京・六本木のメルカリのオフィスに出社した小泉は思わずつぶやいた。山積みになった課題を一つひとつ片付けていくことが必要だと分かっていたが、それでもすべてに優先すると考えていたことがあった。

「会社のミッションとバリューを決めましょう」

「シリーズA」の資金調達でインターネット企業のユナイテッドから3億円調達するとき、山田はパワーポイントで作成した9ページの資料を持参して説明した。このなかに「メルカリの特徴」「経営陣」といった説明はあるが、ミッションやバリューは見当たらない。

よく見ると最後のページに「なめらかな社会へ」という文言が登場するくらいだ。この会社は何のために存在するのか。ミッションはあえて言えばこの一言だった。「なめらかな」という表現は後に一悶着おこす原因となるのだが、それに気付くのはしばらく後のことだ。

いずれにしても小泉はこれでは不十分と考えた。だからこそ多忙を極めているにもかかわらずミッション、そして大切にする価値観を示すバリューを決めることを提案し、山田もそれを受け入れた。

ミッションとバリュー

小泉にはひとつ、反省があった。創業者の笠原健治に見初められて入社したミクシィにおける経験だ。

ミクシィは順調に成長し、日本を代表する交流サイト（SNS）となったが、2011

年ころになると失速が顕著になってきた。フェイスブックやツイッターといった米国発のライバルが攻勢をかけ、東日本大震災を受けて企業が広告の出稿を自粛したこともミクシィへの逆風だった。

小泉は最高財務責任者（CFO）としてこうした状況をつぶさに見ていた。

ミクシィは温かい印象を与えるオレンジ色のロゴが示すように、おっとりとした社風が特徴だ。社員もミクシィのプロダクトが好きでたまらないという人が多かった。

社員がプロダクトを愛し、プロダクトと会社を同一視する。こうした関係は平時にはさらに大きな成功に向けた好循環の基盤となるが、成長が止まるともろさを露呈した。過剰ともいえる愛情は失望へと転じやすい。

「やはりSNSとしてのミクシィが好きな人はどんどん辞めていった」。管理部門に在籍していたある社員は当時をこう振り返る。

小泉も退社後に社員の離脱が相次いでいると聞き、心を痛めた。「プロダクトが強い会社はその成長が組織をけん引していく。自然と組織がまとまるので楽といえば楽だが、逆にプロダクト任せになって人や組織に向き合いきれていなかった」

だからこそ、求心力を高め、維持するための支柱としてミッションとバリューをまず決めておきたかった。

２０１４年1月初め。おとそ気分も抜けきらないうちに、山田進太郎、富島寛、石塚亮の３創業者、そして小泉は都内の一等地に建つホテルの一室に集合した。

イーストベンチャーズから借りていたシェアオフィスの一角では他社の目もあって根を詰めた議論が難しい。周囲の貸会議室は夜遅くまで使えないところが多かった。

「ホテルなんてぜいたくな……」。会社設立からほどなくして入社した社員の何人かは不満を漏らしたが、多少の支出に目をつぶってでもこのタイミングで決めなければいけない大事なことだと考えていた。

順調にいけばまもなくシリーズBの資金調達で12億円を確保し、テレビCMも放映する。資金調達に成功すればカスタマーサポートを中心に社員がどっと増える。その前に足場を固める必要があった。

もっとも多少のぜいたくを許容したといっても、豪華な部屋を借りる余裕はない。そこその大きさの部屋を確保し、まず壁一面に持参の模造紙を広げる。それぞれが思いついた言葉を付箋紙に記して貼っていった。

やがて模造紙の白色の部分が少なくなっていく。同じような項目を丸で囲い、整理してできたのが以下のようなミッションとバリューだった。

《ミッション》なめらかな社会をつくる
《バリュー　》Go Bold（大胆にやろう）
　　　　　　　All for One（全ては成功のために）
　　　　　　　Be Professional（プロフェッショナルであれ）

ミッションは山田が以前から使っていた「なめらかな社会」を踏襲した形になった。バリューは「人間、覚えられるのは3つまで」という小泉の提案もあり、4人の挙げた項目の最大公約数としてこの3点にまとまった。

約一カ月後、全社員を神奈川県小田原市のホテルに集めた。このころ社員は25人ほどまで増えていた。

ミッションとバリューの発表がこの「社員合宿」の目的だった。会議室に集合した社員にミッションとバリューを伝えるとともに、これをどう行き渡らせるかについても説明した。ミッションの浸透は経営を率いる山田が担当する。「大胆にやろう」は米国展開を担うことが決まっていた石塚、「すべては成功のために」は管理部門の担当として人事や組織づくりを担当する小泉、そして「プロフェッショナルであれ」はプロダクトをみていた富島を「担当役員」とし、常に意識して言葉や行動で示すことにする。

標語を刷り込んだTシャツをつくり、しばらくしてから構えた自前のオフィスでは会議室の名前などにもやはりこうした言葉を採用した。会社で配るミネラル水にもミッションやバリューを記し、あらゆる場面で刷り込もうとしている。

「迷ったときはミッションやバリューに立ち返って判断しよう」というのが経営陣の一貫したメッセージだ。そこには、メルカリというプロダクトではなく、実現すべき使命や重視する価値観を求心力としたいという考え方がある。

ただ、うまくいった話ばかりでもない。最初に〝失敗〟もあった。

「意味が違うんだけど」。ミッションとバリューを社員に周知し、社外にも積極的に知らせるようになってからしばらくたったころ、山田のもとに不機嫌そうな声の電話が入った。受話器の向こうには山田の古くからの友人で、現在はメルカリの社外取締役を務める鈴木健がいた。

２人の出会いは２０００年にさかのぼる。当時、大学を卒業したばかりの山田はフリーランスのエンジニアとして働き、ベンチャー企業の育成を目指すＮＰＯの手伝いをしていた。東京大学の大学院生としてそこを訪れたのが鈴木だった。

その後、鈴木は研究者とスタートアップ企業の経営者という二足のわらじを履くことになる。研究者としての活動の柱のひとつが「なめらかな社会」を定義し、そこまでの道筋を解き明かすことだった。

2013年1月に出版した著書の題名は『なめらかな社会とその敵』という。インターネットにより貨幣や民主主義、法といった「しくみ」がどう変わっていくのか、その可能性を探った[1]。

鈴木にとってなめらかな社会とは、集中から分散、伝統的な国家を超越した新たな枠組みなどを意味していた。一方、山田たちは「物品やサービスを取引するコストを下げる」という文脈で使っていた。

釈然としない鈴木が「なめらかな社会」について詳述した自著に目を通したのかと山田に尋ねると、「読んでいない」という。山田をはじめとする経営陣は慌ててページを繰り、こう結論づけた。「やはり、健さんの使っている意味とは違う」

すぐに鈴木に連絡を入れてミッションを変更する方針を伝え、このように改めた。

《新ミッション》　新たな価値を生みだす世界的なマーケットプレイスを創る

ひと波乱あったものの、どうにかミッションとバリューがそろう。当時、強く意識していたかどうか定かではないが、こうした価値観を大事にする米シリコンバレーのテクノロジー企業と相通じるものがあった。経営陣があらゆる場面で連呼し、社員の目に触れる機会を増やしただけでなく、様々な社内制度の整備を進める際の基盤にもなるのだった。

リーダーシップ

目先の課題が山積みだったにもかかわらず「ミッションとバリューを決めましょう」という小泉の提案を受け入れた背景には、山田自身の経験もあった。

「どうする」

「じゃ、進太郎でいいか」

東京・早稲田にある早稲田大学のキャンパス近くでこんな会話が交わされてから15年あまりがすぎていた。山田は1997年1月、学生サークル「早稲田リンクス」に加わり、ここで3代目の幹事長を務めることになった。

早稲田リンクスはインターネットを使い、大学関連の情報を発信していた。それまで幹事長を務めていたひとつ上の代の先輩が就職活動を始めるのを機に、代替わりする。学生サークルではよくある光景だ。

このとき、山田が自分から積極的に手を挙げたのかと思いきや、そうではない。

「自分もそういうタイプではなかったし、ほかに適任者がいなかったのでやむにやまれずという雰囲気だった」。早稲田リンクスの同期で現在はメルカリのPRマネジャーを務める矢嶋聡は振り返る。

早稲田リンクスの誕生には、早稲田大学をめぐる当時の状況が密接に関わっている。

1995年秋、日本最大の学園祭と呼ばれた「早稲田祭」が開催の危機にひんしていた。入場料が革マル派の活動資金に流用されているとの見方を強めた大学当局が補助金の支出を止め、この問題が尾を引いて翌々年には1954年の開始以来の中止になった〔2〕。「遅れてやってきた『政治の季節』のなか、誰かが一般の学生の声を代弁する必要があるというムードになった」と設立メンバーのひとりは説明する。こうした思いが先行し、具体的な情報発信の手段として選んだのが、普及の兆しをみせていたインターネットだった。

このような経緯があったため、メンバーの経歴はまちまちだった。マスコミ志望者、広告研究会など上下関係が厳しい団体からの「脱藩組」、そしてインターネットに詳しい「技術部」と呼ばれた学生……。当初は様々な学生が思い思いに活動を進める牧歌的な雰囲気のサークルだった。

だが、山田が幹事長に就任すると雰囲気は一変する。ウェブサイトの月間訪問者数の目標を定め、企画や会計、コンテンツの更新など、一人ひとりの役割を明確にした。具体的な貢献も求めた。

当時、山田がつくったサークルの企画書が残っている。「早稲田の交差点」――。表紙にこう記した10枚ほどの紙にサークルの趣旨や組織体系、さらにウェブサイトへの広告掲載料まで整然とまとめてある。「会社みたいだな」。矢嶋はこう感じた。

インターネットが普及するという追い風もあり、訪問者数はぐんぐん伸びる。当初の目標を達成し、1998年に入ると月間5万人を突破した。

ただ、急速な「組織化」には副作用もあった。山田のやり方について行けない下級生や女子学生が相次いで早稲田リンクスを去って行ったのだ。

このころ、山田は「早稲田のビル・ゲイツ」というあだ名を付けられた。もちろん、パソコンの普及により時代の寵児となったマイクロソフトの創業者になぞらえたものだが、別の意味もあったという。

「彼は幹事長になってから他のサークルとのコラボを積極的に進めるなど、拡大路線をとった。ビル・ゲイツという呼び方にはこうしたやり方に対する皮肉が込められていた」。当時を知るインターネット企業の創業者は打ち明ける。

自分ひとりが先走り、仲間が付いてこない――。こうした経験は社会人になってからも続いた。

東京・渋谷のウノウの本社。ウノウのほか、山田個人の支援を受けて2007年に発足したゲーム開発会社のgumiは当初、この一角に間借りしていた。創業者で現会長の國光宏尚はここで目にした光景に戸惑った。

ウノウは当時、社員が毎日違う机を使うフリーアドレス制、一時的に他社とオフィスを取り替えっこする「交換オフィス」、バランスボールなどを置いた自由でのびのびとした職場を売り物にした。メディアにも和気あいあいとした雰囲気の企業として売り込んでいた。

だが、國光が目にしたのはエンジニアが黙々と働く静まりかえった職場だ。山田も意思を伝えるのに苦労する場面があった。「ウノウにはエンジニア中心の文化があり、指示に納得しないエンジニアが出社しなくなることもあった」と國光は振り返る。

現在、メルカリの社外取締役を務める松山太河も山田が一体感の醸成に苦労する姿を目にしたひとりだ。山田は松山のことを「唯一無二のメンター」と呼び、松山は一貫して山田の判断を支持してきた。それでもウノウ時代は判断が厳しすぎる山田と、社員の間に摩擦が生じていると感じることがあった。

「彼のなかで成功のイメージが大きいため、そこそこでは満足できない」と松山は分析する。だから山田はプロダクトが一定の成功を収めていても、納得できずに見切る。こうした場面が続くとさすがの松山も、「社員と意識のずれが生じている」と感じざるを得なかったのだ。

もちろん、高い目標は重要だ。妥協や温情だけでは大きな成功を収めることはできない。こうした軸はぶれないものの、山田はそれだけでは成功しないことを理解するようになっていた。

個人に依存せず、求心力を高めるしかけが必要だ。こう考えたからこそ小泉の提案をはねつけることなく、ミッションやバリューに時間、そして労力をさくことを決めたのだった。

社員が長く働く会社に

小泉と一緒に管理部門を見ていた掛川紗矢香にも求心力や一体感の醸成で苦しんだ体験があった。

メルカリに入社する前に勤務していたグリーでは、4年ほどの在籍期間中に7カ国で子会社を設立し、管理する仕組みを整えた。そして閉鎖するまでをやり遂げている。

事業が拡大基調のときは組織の求心力が自然と高まるが、逆回転を始めると一気にきしむ。社員の離脱も目立つようになる。今度はこうした事態を避けたかった。「新卒や終身雇用とは異なるが、それでも中長期で働いてほしい」。掛川が小泉と話をするなかでたどりついた結論だ。

とはいえ、意味のない福利厚生の施策のばらまきや、不公平な仕組みの導入はしたくなかった。「一人ひとりの社員が直面する不安をゼロにしたい」。こうした方針に基づいて導入したのが「メルシーボックス」と名付けた一連の人事制度だった。

2016年2月、女性には産前10週と産後約6カ月間、男性には産後8週の給与を全額保障する制度を導入した[3]。実はこのころ、小泉が第一子を授かっている。この経験を通じて「育児の負担は生半可ではない。なんとかしたい」と痛感し、スタートアップ企業としては破格のサポート体制になった。

ただ、この制度を導入しても「本当に公平か」という疑問が残った。さらに議論を進めるなかで浮上したのが、不妊治療への支援だった。

約5カ月後に追加した制度では 保険適用の不妊治療を受ける場合、本来は本人が払う治療費の3割を会社が負担することにした。保険適用外でも治療費の7割を会社が払い、本人負担は3割とする。

期間は治療開始から10年間、所得制限や年齢、回数の制約を設けず、こちらも太っ腹な仕組みといえる。おおっぴらにはしていないものでは、恋愛・婚活アプリの利用補助といったものまで制度に加えている。

このほかにも、子どもが病気になって臨時で保育施設やベビーシッターを利用した際の費用を補助する病児保育費の支援では、利用時間の制限を外し「使い放題」とした。出産や育児と並ぶ一大ライフイベントである介護に関しては、最大3カ月間にわたって休業中の給与を全額保障する。

もちろん、社員が定着するかどうかは仕組みのみに依存するわけではない。しかも組織の真の強さが試されるような重大局面をまだメルカリは経験していない。

こうした前提はあるものの、社員の離職率は現在のところ、日本企業の平均より大幅に低く抑えられている。

8 アメリカ

2013年11月12日。山田進太郎と石塚亮は羽田空港の国際線ターミナルで出発便を待っていた。行き先は米国のサンフランシスコである。

山田が米国の土を踏むのはこの一年半ほど前、世界一周旅行の最初にニューヨークを訪れて以来だ。

石塚は米国でゲーム開発会社のロックユーを共同創業し、2010年に日本法人の最高執行責任者（COO）に就いた。それまではサンフランシスコ郊外に住んでおり、久しぶりの「里帰り」となる。

早すぎる出張

2人の出張をめぐってはメルカリ社内でひと波乱あった。

「時期尚早では」という声が上がったのだ。社外取締役に就いていたユナイテッドの手嶋浩己もこの話を聞いてぎょっとしたひとりだ。「えっ、アメリカ出張とか行ってる場合なの？」。思わず声を上げた。

メルカリがサービスを開始してから4カ月ほどがすぎ、インターネット広告の効果もあってダウンロード数は上向きつつあった。ただ、まだ成長を確信できる状況ではなく、サービスの安定的な提供に欠かせないサーバーの運用、顧客サポート（CS）などでも課題を抱えていた。

「米国へ進出するときは亮が最高経営責任者（CEO）になればいいよ」。山田は米国に戻ろうとしていた石塚に翻意を促すとき、こう話している。以前から「世界で使われるインターネットサービスを創る」と言っており、元をたどれば石塚を引き入れたのも、そのために不可欠な米国市場を攻略するためだ。

山田には、米国進出に向けた出張に対して早すぎるという認識はなかった。

石塚も同じ考え方だった。それどころか、むしろ山田より焦っていたといえるかもしれない。米国ではファッション分野に特化したフリマアプリ「ポッシュマーク」がメルカリより一足早い2012年にサービスを始めており、その動きが気がかりだった。

ポッシュマークはすでにシリコンバレーのベンチャーキャピタル（VC）、メンロベンチャーズなどから1200万ドル（約13億円）の資金調達を実施していた[1]。メンロベンチャーズはアップルが買収した音声エージェント「シリ」の開発会社への投資などで知られている。

石塚はシリコンバレーで起業し、有力ベンチャーキャピタルのセコイアキャピタルから投資を受けたことがある。有力投資家の後押しを受けたスタートアップ企業が急成長する様子もしばしば目にしていた。

「手をこまねいていると、ポッシュマークが米国市場を制圧してしまうかもしれない」

国内では以前、ファブリックが運営する若い女性に特化した「フリル」が先行していた。大きな資金を調達してアクセルを踏み込まれたら、永遠に追いつけなくなる――。米国でも同じ状況をみてとり、早期の進出を強く訴えた。

サンフランシスコに到着した2人はツテをたどり、グーグルやスタートアップ企業で働く知人のもとを訪れた。情報収集だけではなく、日本でサービスをすでに始めていたメルカリのアプリを見せ、「どう思うか」「米国で展開するにはどのような改良が必要か」と聞いてまわった。

民泊仲介のエアビーアンドビーで予約した物件に2人で宿泊し、移動にはライドシェアのウーバーを使った。便利なこと、興味を満たしてくれることはもちろんだが、節約の意味合いもある。さらに東海岸のニューヨークを回り、10日間の出張を終えた。

全額出資子会社のメルカリ・インクをカリフォルニア州に設立したのは2014年1月のことだ。米国出張からまだ2カ月もたっていなかった。取締役は山田と石塚の2人で、CEOには石塚が就いた。

原点

ちょうど、この10年前のことだ。2004年2月、山田はやはりサンフランシスコへ向かうフライトに搭乗していた。もっとも、このときの渡航目的は出張ではなかった。「移民するつもりで行った」という。

なぜ、米国への移民を思い立ったのか。山田が米国への憧れを強くした背景には、大学時代のある出会いがあった。

1997年、山田が早稲田大学の学生サークル「早稲田リンクス」の幹事長に就任するのと相前後して、川島優志は学内のめぼしい文化系サークルの門を片っ端からたたいていた。

川島は後に米国で起業し、グーグルに入社する。米国人以外では初めてトップページに掲載される「ホリデーロゴ」のデザインを手がけ、位置情報ゲーム「イングレス」や「ポケモンGO」の開発を手がけるナイアンティックに移ってからはアジア統括本部長に就いた。

もっとも川島もこのとき、米国に目が向いていたわけではない。学園祭「早稲田祭」を巡るトラブルやその開催中止を心配するひとりで、早稲田リンクスの創設メンバーと同じ景色を見ていた。

「文化系のサークルが発表の場を失う」。川島は演劇や音楽、映像作品などを収めるためのCD－ROM雑誌を制作しようと思いたつ。その一環として早稲田リンクスを訪ね、山田の協力を取り付けた。大学の近くで1DKのマンションを借り、そこが川島の自宅兼編集部となった。

山田もここに出入りするひとりになるが、当然ともいえる権利があった。実はマンションを借りる際に必要だった費用の一部を山田の母親が負担したのだ。

「敷金が足りないんだけど……」。川島が遠慮がちに話すと、なぜか山田が「だったら俺が出すよ」と応じた。「さすが進ちゃん！」。川島が恩義に感じたのは想像に難くない。

川島たちのCD－ROM雑誌「A／D」の創刊号は1998年4月、書店に並んだ。秋には予定通りに第2号も出るが、その直後に川島が思わぬ行動に出た。大学を突然、中退したのだ。

川島はＡ／Ｄを創刊するため、学生ローンで借金していた。返済のために得意だったプログラミングを生かしてウェブサイト制作などを受託していると、インターネットのブームが追い風になり相当の稼ぎになった。「やめちゃおう」。あっさりと学籍を抜いてしまった。

さらに大胆な行動が続く。２０００年秋、サンフランシスコへの移住を試みたのだ。「アップルもマイクロソフトもみんな、アメリカ発だ」。川島は高校在学中に校内誌の編集に携わり、アップルの「マッキントッシュ」でデスクトップパブリッシング（ＤＴＰ）ソフトを操作している。このときに受けた衝撃が大きかったが、それにしてもとっぴな行動だった。

長期滞在するためにはビザがいることすら知らなかったが、幸運と努力が重なってロサンゼルスで起業し、グーグルへの入社につながる。山田はその一部始終をつぶさに見ていた。

自分もいつか米国に行きたい。こう思った山田は川島の渡米後、３カ月に一度ほどのペースで米国を訪れるようになり、たまたま耳寄りな情報を聞きつけた。

「昨年は落ちたので、もう一度、応募するんだ」。２００３年のある日、川島は何の気なしに米国の永住権（グリーンカード）の抽選制度について話した。米国には毎年一定の枠を設けて永住ビザを発行する仕組みがある。

締め切りが迫っていたが山田は慌てて必要書類をそろえ、速達で送った。そしてこれに当たった。倍率は決して低くないが、一発必中だった。こうして山田の移住計画が動き出した。

ただ、意気揚々とサンフランシスコへ渡ったものの、現地での生活は順調だったとは言い難い。言葉が十分に通じず、食事もあまり合わなかった。

そんななか、和食店を経営した経験を持つ日本人と知りあいになり、サンフランシスコで一緒に新店を出す寸前まで話が進んだ。だが、直前になって「これが本当にやりたかったことか」と考え込んでしまったのだ。

もともとはインターネットが好きで、映画の口コミサイトをつくったり、雑誌の定期購読サイトの立ち上げを手伝ったりしていた。

「やはり、多くのユーザーの生活に影響を与えられるインターネットの仕事をしたい」

山田の腹が固まった。

このままアメリカに残ってやるのがいいのか、地の利のある日本へ戻る方が早道なのか。考えた末に山田の出した結論は帰国だった。

だが、ひとつ心に決めていることがあった。もう一度、米国市場に挑戦し、米国から世界を目指す――。

帰国後につくった「フォト蔵」ではすぐに英語版を出した。自ら設立したウノウを米国のゲーム会社、ジンガに売ったのも世界展開の一助になると判断したからだ。

山田からすれば米国進出と世界展開は十年来の夢、そして目標であり、その時期が早すぎるということはまったくなかった。

始動

出張でサンフランシスコをたびたび訪れていた石塚が本格的に拠点を米国に移したのは2014年4月のことだ。

3月には「シリーズB」の資金調達で14億5000万円を確保しており、国内でテレビCMなどのマーケティング活動に使う一方、海外ではこれが事業を立ち上げる原資となった。

最初の拠点は日本のインターネット企業、デジタルガレージがサンフランシスコのダウンタウンに設けたシェアオフィスだった。日本ではようやくイーストベンチャーズのシェアオフィスから出たところだったが、米国ではほかのスタートアップ企業との同居が再び始まった。

シェアオフィスの一角で、石塚、フランス出身のプロダクトマネジャー、そして顧客サポートの担当者の3人が仕事を始めた。

当時、メルカリの社員はまだ50人ほどだった。大半は顧客サポートに携わっており、エンジニアの人数は少ない。人員が限られ、予算にも制約があるなかでメルカリが選んだのは「日米で同じプロダクトを提供する」という選択肢だった。

グーグルやフェイスブックといった有力インターネット企業のプロダクトは地域ごとに使う言語が違っても、「骨格」は世界共通なことが多い。メルカリもソースコードを世界で共通にすることを決めた。

この判断が後にきしみを生むことになるが、当時は誰もことの重大さに気づいていなかった。

「とにかくテキスト（文字）が多すぎる」。日本の開発チームはサンフランシスコから、たびたび指摘を受けた。開発については米国にも市場調査など最低限の機能を置いたが、実際に手を動かすのは日本側だった。

一般に日本人は忍耐強く、スマートフォンのアプリに文字が多くても苦痛に感じないことが多い。一方、米国ではより直感的に使える設計にしないと、なかなか使ってもらえない。米国側はこうした違いを指摘し、対応を促した。

文字による説明を極力減らし、必要な場合も絵や図で示す。メルカリのデザインを一手に担っていた宮上佳子は開いた箱からボールが飛び出したような図柄のアイコンに手を入れ、ボールの個数を減らすなどしてすっきりとした印象に仕上げた。

「まず、どれだけユーザーにスティックするかみよう」。石塚はサービスを始めた直後、社員に伝えた。流通総額（GMV）はもちろんだが、重視したのはユーザーがアプリをダウンロードしてから一週間後の継続利用率だった。これでプロダクトが利用者に刺さるかどうか分かるはずだった。

米国は日本と比べて人口、そしてインターネット利用者が多く、競合も群雄割拠している。その結果、インターネット広告の価格は高く、日本と同じ感覚で出稿するわけにはいかない。そもそも打つ手は限られており、辛抱が必要だった。

こうした事情があり、当初はダウンロード数が限られると覚悟していた。だが、より深刻だったのは石塚が気にかけていたスティック、つまりユーザーへの食い込み方だった。

アプリをダウンロードした翌日、ユーザーはサービスをきちんと使っていた。翌日の利用率という点では日本と遜色なかったのだが、一週間後となると数字は目に見えて悪くなっていた。

プロダクトが米国のユーザーに合っていないのは明らかだった。

ユーザーの反応をみながら利用率の向上に向けた改良を進め、同時に米国ならではの課題にも対処していった。不正利用対策だ。

利用者を増やすために既存のユーザーに招待コードを配り、新たなユーザー登録が確認できると一定の金額を渡していた。この仕組みを悪用するユーザーが登場したのだ。ひとりで複数のアカウントをつくり、自分で自分を招待する。こうした行為は日本ではあまり目立たず、米国ならではの課題といえた。

クレジットカードの不正利用にも悩まされた。他人のカードで商品を購入するような事例は言語道断だが、「子どもが親のカードで買ってしまう」とのクレームも寄せられた。ティーンエイジャーが購入しそうな商品に対する監視を強め、短期間に頻繁に購入するユーザーに注意する。こうした対策を進めていると2014年が終わろうとしていた。

集中

年が変わっても利用率は目に見えて改善しなかったが、顧客サポートを中心に社員は増えていった。

さすがに20人近くになると当初のシェアオフィスでは手狭になり、２０１５年1月にはサンフランシスコの金融街に建つビルの一室へ引っ越した。

この3カ月ほど前のことだ。山田はインターネット企業のサイブリッジで副社長を務めていた濱田優貴が退職することを知ると、即座に連絡を入れて面会の約束を取り付けた。「何がやりたいの？」。以前、小泉文明を口説いたときと同じように切り出した。

山田より6歳年下の濱田は東京理科大学の在学中に塾講師に特化した求人サイトを立ち上げ、これが２００４年に発足したサイブリッジにつながった。山田はウノウの社長としてサイブリッジのオフィスを訪問し、それから何かと目をかける関係になる。「濱ちゃん」と呼び、飲みに行ったり、海外旅行に出かけたりしていた。

サイブリッジは受託開発に加え、求人サイトなどのメディア運営を事業の柱としていた。二本柱のうち濱田は後者を得意としていた。

大学在学中に起業したため当初は学生に関連するウェブサイトなどが中心だったが、クーポンの購入や楽器のシェアリングなどを次々と開設した。「力を入れたものだけでも15、ちょっとやってみたというのまで含めれば１００は下らない」と濱田はいう。

検索サイトで見つけられやすくするＳＥＯ（サーチエンジン最適化）の技術を駆使し、

集客するのが基本だ。

とっぴな手法ではなく多くのサイトが使う技術だが、濱田は器用だった。大きな成功を手にすることはなかなかできずにいたが、損を出すこともなかったのだ。山田もこうした濱田の仕事の進め方をよく見ていた。

次に何をするのか尋ねられた濱田は「再び起業することを考えている」と説明し、あるアイデアを披露した。これまでの経験を生かして確実に成功できるとそのアイデアを選んだが、山田は興味がなさそうだった。

「たぶんうまくいくと思うけど、濱ちゃんがやらなくても誰かがやるよ」

起業する代わりにメルカリに加わることを提案し、同意を取り付ける。「新しいマーケットプレイスで世の中を便利にする方が面白い」。濱田は2014年12月、メルカリに入社した。

入社前に山田は具体的な仕事内容を伝えず、濱田も聞くことはなかった。依然として慢性的な人手不足で何かしらの仕事があるというスタートアップ企業に特有な事情もあったが、実は濱田は明確なミッションを負っていた。

出社した濱田が目にしたのは、誰も「新入社員」の自分に構ってくれないという現実だった。仕方がないのでプロダクトの開発に使った以前の仕様書やデータベース、プロダクトの状況を示す様々な指標に目を通していった。

メルカリはプロダクト開発の管理にレッドマインというソフトを使い、そのときどきの指示やアクションは「チケット」という形で残っていた。プロダクトの開発で山田は、大きな方向性を示す一方、事細かに口を挟まなかった。だが、このチケットにはくまなく目を通していた。本来はプロダクトへの細部にまで目を光らせるタイプなのだ。

濱田はそのチケットを追っていくことで、これまでのプロダクトの開発の経緯を知ることができ、山田の思考の流れを追体験できた。

こんなことがしばらく続くと突然、言い渡された。

「あとは濱ちゃん、よろしく」

ここまでの2カ月間はいわば助走期間だった。突然の指示は、これまで日本でプロダクト全般をみていた富島寛が米国に集中し、現地事業をテコ入れするという合図だった。

2015年1月になると富島が米国に軸足を移し、現地でも開発体制を整える動きが本格化した。山田も国内を濱田に任せ、米国に集中できる体制をつくろうとしていた。

全米3位

松下電器産業（現パナソニック）や野村総合研究所を経てリクルートに入社した伊豫《いよ》健夫がメルカリに入ったのは、米国シフトが敷かれてから一カ月あまり後のことだ。

リクルートでは求人サイトの企画や運営を担当し、それなりに満足していた。だが、リクルートが得意とするB2B（企業間）取引ではなく、個人を対象にしたインターネットの仕事がしたかった。こう考えて伊豫はメルカリに転職した。

入社してからしばらくは国内向けの機能追加に携わり、ユーザーが初出品した商品が24時間以内に売れる確率を高めるといったプロジェクトを担当した。ところが、まもなく転機が訪れる。2015年7月、山田進太郎は「全社の経営リソースの90％を米国に振り向ける」という経営判断を下したのだ。

このころ、実は屋台骨を支える日本事業も流通総額は季節による波があり、プロダクトを改善する余地は少なくなかった。

日本を任された濱田にとっては米国に経営リソースを重点配分するという判断はどう考えてもありがたい話ではなかったが、山田が「最悪、日本を捨ててでもＵＳ（米国）を成功させたい」というのを聞くと、協力せざるを得ないと思うのだった。

山田の経営判断を機に、伊豫は東京・六本木の本社に拠点を置いたまま、米国のエンゲージメント向上策を担当することになった。いかに利用者を増やすかが最大のテーマだった。

当時、米国で集客の有力な手段となっていたのはフェイスブックを通じた広告だった。メルカリで人気が高い商品を選びその画像を使った広告をつくって出稿していた。伊豫はこうしたプロセスを自動化する仕組みをつくっていった。

広告とアプリ配信を連動させるシステムも整備した。ユーザーがどの広告を見てアプリをダウンロードしたかを把握し、ユーザーがアプリを開くと目にした広告に載っていたのと同じジャンルの商品を優先して表示するようにした。

一連の仕組みはフェイスブックの担当者からも「ここまでやっている企業はほかにない」と褒められた。一部のシステムは現在も現役で動いており、一定の成果は上がったものの、思うに任せないこともあった。

「広告にはコストがかかるので、徐々に減らしていくべき。だが、広告を出稿すればユーザーの反応がよくなるが、終えると元に戻ってしまうというループの繰り返しだった」

身を削りながら進めるマーケティングはどこかで限界に突き当たる。日本でサービスを始めた直後と同じように自律的な成長とはほど遠く、出口が見えないトンネルのなかで苦しみ続けることになった。

年が明けても状況に変化はなかったが、2016年7月下旬に〝事件〟が起きた。ちょうどサンフランシスコに出張していた山田が帰国便に搭乗した直後のことだ。メルカリ・インクでは毎日、夕方5時にその日のダウンロード数を通知するシステムを稼働させていた。

通知に目を通した石塚は我が目を疑った。「おかしい。何が起きているんだ」。思わず声を上げた。

これまでとは桁違いのダウンロード数が記録されていた。「詐欺が起こっているに違いない」。石塚はこう考えて調査を指示したが、社員が八方手を尽くして調べても、不正利用を示す兆候は見あたらなかった。

結局、この日のダウンロード数の効果により、米国のアップストアのランキングで、メルカリは3位に入った。快挙だった。

首位は、チャットアプリを運営するスナップのアバター作成アプリ「Bitmoji」だった。2位には世界的に人気を集め、山田を米国へいざなった川島が世界展開を担った「ポケモンGO」が入った。

山田と川島は大学で初めて会ってから10年近くの時を経て、米国のアップストアという表彰台で肩を並べることになったのだった。

2年近い努力がようやく報われた——。メルカリ・インクの社内にはそんな空気が広がった。スクリーンショットの機能を使ってアップストアの画像を保存したり、フェイスブックで友人と共有したりする社員が続出し、ちょっとしたお祭り騒ぎになった。

社内ではシャンパンの栓を抜いて乾杯する場面もあった。初期の社員のひとりであり、顧客サポートの体制整備を進めてきたチアキ・オオサカもその輪の中にいた。「ほとんど夢みたい」と思った。

ようやくこれで米国事業も軌道に乗る。こう考えた社員は少なくなかったが、実は新たな苦労の始まりにすぎなかった。

状況は好転するどころかむしろ悪化し、後に「招待爆発」と呼ばれることになるこの事件は後々まで禍根を残すことになるのだった。

9　青いメルカリ

2016年7月に米国で発生した「招待爆発」の威力はすさまじかった。米国の累計ダウンロード数はこの年の6月にようやく1000万に達したところだった。2年近くを経てようやく大台にのせたが、わずか3カ月ほどの期間に倍増した〔1〕。ただ、これは吉報ではなく、混乱の幕開けだった。

招待爆発の後遺症

「何か出したっけ?」。米国のエンゲージメント向上を担当するチームを率いる伊豫健夫は東京・六本木のメルカリ本社で首をかしげていた。

これまでもフェイスブックを通じた広告を展開し、クーポン券などを使ったキャンペーンを多数実施していた。

「アメリカの人はイベント好きでキャンペーンへの弾力性は高い」。こう感じていたものの、決定打には巡り合っていなかった。

実はダウンロード数が急増したのとほぼ同じタイミングで、交流サイト（SNS）のフェイスブックを活用した新たな取り組みを始めている。既存ユーザーとフェイスブックでつながっている友人がメルカリに新規登録すると、この友人が利用を始めたことをメールで知らせる機能だった。最終的に友人間の売り買いを促すしかけだ。

ただ、独自性が高い機能とは言い難く、「まさかこれ⁉」というのがチームのメンバーの素直な反応だった。

実際、時間ごとのダウンロード数を示す詳細なデータを確認してみると、微妙にタイミングがずれていた。

結局、本当の理由は分からずじまいだった。

新規ユーザーの獲得を目的とした招待コードが広く拡散し、それがダウンロード数の急増につながったのではないか。分かったのはここまでだ。

「KRゼロ」――。直後にメルカリ社内では前代未聞の指示が出た。

2015年4月、メルカリはグーグルやフェイスブックといったシリコンバレーの有力インターネット企業で広く使われている「OKR」と呼ぶ目標設定や管理の仕組みを導入している[2]。山田進太郎がウノウを売却したゲーム開発会社の米ジンガもこの制度を使っていた。

OKRは「目標と主な結果」を指す英語の略で、全社とチームや個人の目標を一致させ、変化に機敏に対応できる組織運営を目指すものだ。

KR（主な結果）は目標の達成に向けて複数設けるが、既存のなかでもっとも優先度が高い「KR1」や次の「KR2」より優先するものとして、初めてKRゼロを設定した。いわば「非常事態宣言」であり、メルカリ・インクの最高経営責任者（CEO）、石塚亮は「ずっとアップストア3位を維持しよう」と指示を飛ばした。

ダウンロード数が急増した直後の2016年8月、伊豫は予定通りサンフランシスコにあるメルカリ・インクに出張した。四半期ごとに実施する現地チームとのミーティングに参加するためだったが、予定していた会議はすべて飛んだ。

どうにかこの勢いを持続できないか。結局、「震源地」の特定には至らなかったものの、招待コードを広めやすくするためにアプリを改良し、新たに加入したユーザーをつなぎ留める取り組みを進めた。

だが、こうした努力はめぼしい成果を上げられなかった。むしろ混乱が深まったというのが実態だった。

メルカリのようなサービスにとって、継続的に利用するユーザーが「上客」となる。ところがこのときに流れ込んだ大量の新規ユーザーは真逆だった。

米国ではリテンション（利用継続）の指標としてアプリをダウンロードしてから一週間後の状況を重視していたが、招待爆発を契機としてもともとよくなかった数値が一段と悪化したのだ。

実は日本でもインターネット広告の利用を増やしていた２０１３年秋、ライバルからは「ああいう集客をするとロイヤルティの低いユーザーが集まり、長期的にマイナス」との声が上がっていた。

日本では継続率の低いユーザーの比率が高まってマーケティングの効率が低下する事態は避けられたが、３年の歳月を経て太平洋を挟んだ対岸で不安が的中したのだった。

経営管理に使っていた指標は大きくぶれ、悪化した。後遺症は決して小さくなかった。

抜本策を打て

富島寛は招待爆発の半年ほど前、メルカリ・インクの最高プロダクト責任者（ＣＰＯ）に就き、拠点を米国に完全に移していた。２０１４年12月に入社した濱田優貴への引き継ぎが順調に進み、米国事業に本腰を入れる準備が整ったためだ。

2016年秋、再び移転・拡張したメルカリ・インクのオフィス。富島はダウンロード数の急増とその後の混乱に直面し、成長軌道に乗せるには抜本策が必要との思いを強くしていった。

2年前、米国に進出する際には日本とアプリの「骨格」を共通とする方針を決めていた。日米で使うソースコードは同じだった。エンジニアを雇うコストは米国より日本の方が安く、日本で成果の上がった仕組みを米国に持ち込むことで円滑にサービスを立ち上げられるはずだった。

もちろん、日本と米国ではサービスの使い方が違う。例えば米国では返品が多く、顧客サポート（CS）への問い合わせの相当の部分がこれにまつわる相談だった。そのため、米国で提供するアプリには返品機能を付け加えるなど、ソースコードは同じでも現地化を進めた。

問題はその手間や手続きの煩雑さだった。

「2世帯でリビングルームを共有し、両側からリフォーム工事を進めるようなものだった」。スタートアップ企業の最高技術責任者（CTO）やデジタルガレージの米国法人などを経て招待爆発と同時期にメルカリ・インクに入社したシダ・シューベルトは振り返る。

米国の都合に合わせてソースコードに手を加えようとすると、日本版に影響が出ないか確認しなくてはいけない。細心の注意が要り、改良の余地も限られる。逆の場合でも状況は同じだった。

日米それぞれの状況が話をさらにややこしくしていた。

メルカリの2016年6月期の単独決算は売上高が122億円、最終損益が30億円の黒字になっていた[3]。2014年に日本で手数料を有料化しており、この効果で黒字化を達成していた。日本チームに「こちらが屋台骨を支えている」という自負心が芽生えるのは当然のことだ。

一方、ダウンロード数こそ伸びているもののリテンションや流通総額（GMV）で依然として課題を抱える米国は試行錯誤の段階だ。しかも仮説の立案と検証を高速で繰り返すことを得意とする米国のスタートアップ企業と競わなくてはいけない。

精神的なところも含めて疲弊しており、現在の延長線上では難しい――。2016年12月、毎週開いている定例会議で富島が抜本策を提案した。

「日米でソースコードを分けましょう」

過去2年あまりの否定ともとれる提案に当初、参加者の意見は割れた。

「これまでと同じことをやっていても成功はない」。賛成派の意見はほぼこの一点に集約された。

当然、反対の意見もある。「日本の開発力を海外で使えなくなるのは痛手だ」。同一のソースコードを使う判断を下した背景を振り返ると、富島にも納得がいく反論だった。今後、展開地域を広げることを考えると、地域ごとに分けて重複が増えると効率が低下しかねない。

「分けたから必ずうまくいくというロジックはない」。これも耳が痛い正論だった。

日米の拠点をテレビ会議で結んで開いた経営会議は重苦しい雰囲気となった。結局この日は結論が出ず、翌週に持ち越された。

仕切り直しとなった経営会議でも賛成、反対の意見が出た。出口がなかなか見えない議論に終止符を打ったのは山田だった。

「変化が必要ということは明らかだ」

紫、赤、青

経営会議の結論が出た直後、メルカリ社内で「ダブル」と名付けたプロジェクトが発足した。リテンション（利用継続）を2倍にすることを目指し、この名前を選んだ。「3カ月でやります」――。言いだしっぺの富島はこう説明していた。

メルカリのアプリはスマートフォンの2つの基本ソフト（OS）「iOS」「アンドロイド」に対応している。まず、アンドロイド版でソースコードを分け、米国向けを一からつくり直すというのがプロジェクトの柱だった。

抜本策が必要という意見に対して賛同が得られたものの、これが依然として賭けであることには変わりがない。エンジニアをはじめとする経営資源に限りがあるなか、新たなアプリの開発を始めると他の業務の優先度を下げる必要が生じるからだ。

今回、犠牲となったのは既存のアンドロイド版アプリの更新だ。日本と比べると規模は小さいものの、米国でも一定規模の流通総額を確保している。

米国におけるアンドロイドのシェアを考えると、出品や購入の半分以上はアンドロイドのアプリ経由ということになる。その更新が止まると死活問題になりかねない。

このときメルカリはチームを分け、富島やシダ・シューベルトら米国を拠点とする7人を新アプリの開発に充てた。一方、日本を基盤とする伊豫たちに現行アプリの更新を任せ、少人数ながらも担当者を残すことで更新が完全に止まることを避けた。

「メルカリプラス」と名付けたアプリを公開したのは、3月のことだ。開発期間は2カ月半。富島は約束を守った。

一目見て分かるのはアプリの基調色がこれまでの日本と同じ赤色ではなく、紫色に変わったことだ。画面上部にはフラットなアイコンが並び、「男性」「家電」などのカテゴリーを示す。文字が少なく写真と写真の間の余白が広いなど、日本版と比べるとずいぶんとすっきりとした印象になった。

見た目以上に大きく変わったのは開発思想かもしれない。

メルカリプラスの開発に携わり、後にメルカリ全体のＣＴＯに就く名村卓は、サイバーエージェントで音楽配信サービス「ＡＷＡ」やインターネットテレビ「ＡｂｅｍａＴＶ」を開発した経験がある。

いずれもシリコンバレーなど海外で生まれた強力なライバルと競っており、ライバルを研究するなかで「マイクロサービスアーキテクチャー（ＭＳＡ）」に出会う。ソフトを小さな「マイクロサービス」に分け、それを組み合わせる構造とすることでスピードや信頼性を上げる手法だ。

名村が担当していたＡｂｅｍａＴＶはテレビ朝日との共同出資会社を通じて運営している。「テレビ局は絶対に止まってはいけない」。そこで何度もテレビ並みの信頼性が必要という話を聞いた。名村はＡｂｅｍａＴＶの開発で信頼性を高めるためにＭＳＡを活用し、そのエッセンスをメルカリプラスにも持ち込んだ。

メルカリでは開発のスピード向上などが主な目的だが、地域ごとにソースコードが違っても共通のマイクロサービスを使うことができる道を開いた。プロダクトマネジャーの間で「開発の効率が下がる」との懸念が浮上しており、その払拭を狙った。

ところで、メルカリプラスを出すことにより、リテンションは改善したのだろうか。実は「大きく変わっていない」というのが直後の状況だ。

ただ、以前は月に一度だったアプリの更新を2週間に一度の頻度に高めることができた。ホームスクリーンを5通り用意し、利用者ごとに違う画面を見せ、反応により最良のデザインを決めるといったことも容易になった。

結局、6月にiOSも含めて日米のソースコードを分け、一方でアイコンの基調色は日本と同じ赤色に戻した。ところが、これが最終ゴールではなかった。9カ月後、米国のロゴは書体が一新され、基調色も青系に再び変わる。

メルカリプラスの展開と軌を一にして、米国でサービス開始以来となる大規模な「リブランディング」の準備が静かに始まっていた。

体制変更

ワインの産地として世界的に有名な米国カリフォルニア州のナパ・ソノマ地方。メルカリ・インクのあるサンフランシスコ市内から渋滞に巻き込まれなければ車で一時間ほどの距離だ。

メルカリは2017年3月、四半期に一度開く「経営合宿」のためにこの地域の一軒家を借りた。新たなソースコードを使った米国向けアプリ、メルカリプラスを公開した直後のことだった。

山田、富島、石塚の3人の創業者、そして小泉文明と濱田が集まった。

この一軒家は民泊仲介のエアビーアンドビーを通じて借りた。山田と石塚は2013年11月、米国進出の下準備としてサンフランシスコとニューヨークに出張している。このときもエアビーで部屋を借りたが、3年半ほどの間に存在感が一段と高まっていた。

一方、メルカリの米国事業は依然として課題を抱えていた。招待爆発の影響もあって2016年7〜9月期に累計ダウンロード数は2000万を突破したが、伸びを示すカーブは再び緩やかになっていた。流通総額も大きく改善せず、季節要因があるものの翌年1〜3月期は前の期よりも減っている[4]。

経営合宿の少し前、サンフランシスコ市内のメルカリ・インクの会議室で山田は石塚と向き合っていた。山田と石塚は最高経営責任者（CEO）と米国事業の責任者として毎週ミーティングの時間を設け、直接会えないときはテレビ会議で話していた。

この日、山田は目の前に座る石塚に切り出した。

「アメリカにもっとコミットしようと思っている」

自分がメルカリ・インクのCEOも兼ね、日本事業を小泉に委ねる案を示した。ただ、一方的に決定事項を伝える形は避けたつもりだった。

石塚を創業メンバーとして迎え入れる際の会話をよく覚えている。山田は「米国へ進出するときは亮がCEOになればいいよ」と言っていた。それに、CEOとして成功まで導きたい石塚の気持ちは十分に分かっていた。

ただ、当時と現在とでは状況が変わっている。日本のメルカリは四半期の流通総額は600億円を突破し、なお成長を続けている。事業を任せられる人材の層も厚くなっていた。

一方、米国事業は依然として課題を抱えていた。

石塚の心中は複雑だった。当然、自分で続けてやりたいという思いはあるものの、十分に結果を残せていないことも理解している。この場で結論は出ず、翌週の経営合宿に持ち越された。

経営合宿の当日、改めて米国事業について山田は提案した。「ミッションを達成するためには自分でもっとやる必要があると思っている」。出席者からは様々な意見が出て、夜が更けても議論はまとまらなかった。

翌朝、石塚は山田の提案を受け入れることを全員の前で伝えた。「複雑な思いはあるが、ファウンダーの進太郎があそこまで言っているので」

メルカリ・インクのCEOに山田が就き、石塚は最高執行責任者（COO）に回る人事が固まった。この体制変更に伴い、日本では山田が会長兼CEOに昇格し、小泉が社長兼COOとなることも決まった。

日米のトップ交代の裏で、もうひとつの人事構想も動き出していた。

インサイダー

スウェーデン出身のジョン・ラーゲリンが初めて山田に会ったのは2007年ころのことだ。

ラーゲリンは4年半勤めたNTTドコモを退職し、グーグルの日本法人に転職したばかりだった。山田はウノウの社長としてヒットするプロダクトを模索していた。

2人は国内のスタートアップ企業のイベントとしては有数の規模を誇る「インフィニティ・ベンチャーズ・サミット（IVS）」に参加し、懇親会で言葉を交わす。ラーゲリンは山田と話し、「感覚が近いな」と思った。

スウェーデンで生まれたラーゲリンがなぜNTTドコモの門をたたくことになったのか。話はラーゲリンの小学生時代にさかのぼる。

ラーゲリン少年はスウェーデンの小学校で、香港人の母親を持つアレックス・ノーストロムと友達になった。現在は音楽配信大手、スポティファイのナンバー2を務めるノーストロムの自宅に行くと、香港経由で取り寄せた日本の品物が目に付いた。

なかでもラーゲリンが心を奪われたのが家庭用ゲーム機だった。ゲーム好きだったラーゲリンは自分でも香港の販売店にファクスを送り、発売直後の「スーパーファミコン」を手に入れることに成功する。

ゲームがきっかけとなって日本語や日本文化に興味を持ち、高校で日本語の授業をとった。卒業後は短期間だが日本に留学する機会も得た。

2度目の留学は大学院時代だった。東京大学大学院経済学研究科で学び、日本の学生と同じように就職活動を進めてNTTドコモに入る。そこで「iモード」の海外展開を担当した。世界の通信会社と渡り合った交渉能力が認められ、モバイル関連のビジネスの拡大を目指すグーグルに職を得たのだった[5]。

2010年には日本からシリコンバレーに拠点を移し、グーグル本社で働くようになっていた。山田はシリコンバレーを訪問するたびにラーゲリンに声をかけ、昼食や夕食をともにした。

ラーゲリンはメルカリがサービスを始めた直後に事業構想を聞き、興味を持った。だが、ちょうどフェイスブックにバイスプレジデント（VP）として転職したばかりの時期に当たり、すぐにメルカリに加わることは考えられなかった。

「USで成功するためにはジョンのような人がいてくれるといいと思う」。メルカリ・インクの設立と相前後して山田が秋波を送る場面が増えていったが、フェイスブックのVPはそう簡単に捨てられるポジションではなかった。

2017年2月、山田、富島、石塚の3創業者とラーゲリンは、サンフランシスコの高級レストラン「COI」で夕食のテーブルを囲んでいた。日本の会席料理のような精細さが売り物の人気店だ。

ワインのグラスを傾けながら、メルカリの米国展開について語り合った。これまでは石塚を中心とするチームでメルカリ・インクを運営してきた。石塚にはシリコンバレーで起業経験がありそれが役立ったが、一方で課題もよく見えるようになっていた。

広報やマーケティング、それを支える人材だ。シリコンバレーは開放的なイメージを持たれがちだが、完全な「コネ社会」「ムラ社会」だ。有益な情報、優れた人材に出会うためにはインサイダーにならなければならない。

3人の創業者もこのことを痛感していた。ラーゲリンはグーグルやフェイスブックといった有力企業のトップの近くで働いた経験があり、日本の事情にも通じている。さらに母国語のスウェーデン語に加えて英語、日本語、フランス語を操るラーゲリンは、今後の国際化にもうってつけの人材と思えた。

山田たちの話を聞いていると、ラーゲリンは自分の気持ちが揺れるのを感じた。「外国人にとって日本語の習得は容易ではない」「日本企業で外国人は活躍できない」——。ステレオタイプな意見を耳にするたびに、挑戦心をくすぐられた。「日本企業はシリコンバレーで成功できない」というのも、新たな挑戦テーマとして面白いと思った。

とはいえ、フェイスブックのＶＰにも未練はある。なかなか決断できないでいるなか、メルカリのトップ交代に関するニュースがもたらされる。はっきりとした理由を公表していなかったが、山田が米国事業により深く関わっていくことは間違いなさそうだ。

「シン（進太郎）と一緒にできるなら力になりたい」。ラーゲリンはだんだんと誘いを断る理由が少なくなっていると感じた。

外堀も埋められつつあった。

ラーゲリンが日本に住む17歳の長女に意見を求めると、メルカリを頻繁に使っていて機能にも詳しかった。「パパがフェイスブックではなくメルカリで働いたらどうかな」。こう尋ねると「一番必要とされるところで働くのはいいと思う」と答えた。

日本でiモードの立ち上げメンバーと会う機会があり、この場で現在は慶応義塾大学の特別招聘教授などを務める夏野剛にメルカリ行きを勧められた。当時、メルカリは日本発の数少ないユニコーン企業であり、グローバル志向の強い一社だ。「ジョン、日本を見捨てるなよ」。夏野は言った。

最後の一押しは5月の欧州出張だった。

ラーゲリンがロンドン経由でストックホルムに向かうという情報を聞きつけると、山田と石塚も同じ便を予約した。

出発前にラウンジで話すのかと思っていたが、そこでは話が終わらない。夕食が終わって機内の照明が暗くなると山田は「もう少し話そう」とラーゲリンのところへやってきた。

ブリティッシュ・エアウェイズのサンフランシスコ－ロンドン便はエアバスの大型旅客機、A380で運航している。機内のどこかに話ができるところがあるかと思ったが、見あたらない。結局、ビジネスクラスのシートに横向きに腰掛け、小声で話すことになった。

着陸後もロンドン・ヒースロー空港の税関の手前のベンチで話す。さすがにここまでくるとラーゲリンの懸念材料の多くは払拭されていた。

入社するのがメルカリ・インクではなく本体で、「執行役員チーフ・ビジネス・オフィサー」というポジションのオファーもこのときに受けた。事業全体に協力したいと考えていたラーゲリンにとって好都合だった。

ラーゲリンは転職に対し、外部の専門家に助言を求めていた。有利な条件を引き出し、万が一に備えるのは米国では一般的なことだ。最後までメルカリとの間で詰め切れない点が残ったが、最終的に「シンは僕のことを裏切らない」と割り切った。

「メルカリ、元フェイスブックVPのジョン・ラーゲリンがマネジメントチームに参画」――。この人事を発表したのは2017年6月22日のことだ[6]。山田とラーゲリンが初めて会ってから10年がすぎていた。

ニューメルカリ

メルカリに入社したラーゲリンがまず手を付けたのは採用だった。広報・マーケティングと人事・採用が分かる社員が要る。この2つの分野の強化が最優先だったからだ。人事の担当者は直接会う時間がなく、日本に出張している最中にテレビ会議で話して採用を決めた。

成長に向けて両輪になると考えたのがマーケティングとプロダクト部門のヘッドを見つけることだった。

「誰かいい人がいないだろうか」。グーグルのアンドロイド部門で一緒に働いた知人と話したときに名前が浮上したのがスコット・レヴィタンだった。

レヴィタンもグーグルのアジア太平洋部門に在籍したことがあり、面識があった。当時はグーグルの光ファイバー部門でマーケティングの責任者を務めていたが、この事業が全社的な事業の見直しの対象になりそうな風向きになっており[7]、採用には好都合だった。

連絡を取ってみると好感触だ。レヴィタンはラーゲリンがメルカリに入社したというニュースを聞き、試しに息子が以前使っていた野球のグローブを売ってみた。出品するとほどなく、15ドルで売れた。こうした経験もありラーゲリンの誘いに乗ることを決め、2017年10月に入社した。

同じ時期に入社し、プロダクトのヘッドに就いたブラッド・エリスもグーグル出身だ。ラーゲリンがグーグル日本法人で日本の通信会社との提携を担当していたころ、同じ部門で働いていた。エリスの入社により、グーグルのアジア事業や日本事業に携わった3人がメルカリ・インクに再び集うことになった。

この少し前、メルカリ・インクのCOOに就いていた石塚は山田に提案した。「ジョンがUSのCEOになった方がいいんじゃないか」。この時点では山田が日米メルカリのCEOを兼務していたが、現実には思っていたほどには米国に集中できない。石塚の提案を受けて調整を進め、2017年9月にラーゲリンがメルカリ・インクのCEOに就き、本体の取締役も兼ねた。

「メルカリというサービスの名前を変えてもらっても構わない」。ラーゲリンが入社すると、山田はこう伝えた。そこまで抜本的な手直しが必要と考えていたからだ。

直後にラーゲリンはニューヨークに本社を置くブランドコンサルティング会社、レッドアントラーに連絡を入れている。

ゼネラル・エレクトリック（GE）や位置情報サービスのフォースクエアといった米国企業のブランド構築で実績を積んでおり、ラーゲリンはシンプルだが存在感や安定感のある「作品」を気に入っていた。

メルカリは日本では親しみやすさを重視していたが、それを変えようとした。

「イケアや（米国の総合スーパー）ターゲットのような性別や所得の違いを超えて受け入れられるブランドにしたい」

ブランドの見直しに向けてレッドアントラーとの二人三脚が始まった。

マーケティング責任者に就いたレヴィタンがこの作業に加わる。入社直後に実施した消費者を対象とした調査ではメルカリのブランド認知度はわずか数%だった。最大の課題はこれをどう高めるかだった。

有力コンサルティング会社を味方に付けても、伝えるべきメッセージがはっきりしていないと話は始まらない。社内で何度ミーティングを重ねても結論が出ずにそのまま越年したが、2018年1月のある日、思わぬところからアイデアが舞い降りてきた。

ある土曜日の午後、レヴィタンはシリコンバレーの自宅の裏庭で、メルカリ・インクで働くあるエンジニアのひとりに電話をかけた。わざわざ週末に電話をするくらいなので、行き詰まっていたのは間違いない。

それまでメルカリは米国で「売り買いできるアプリ」という売り出し方をしていたが、このエンジニアは「本質は売るアプリではないか」という。

インターネットでモノを買う場所はアマゾン・ドット・コムを筆頭にイーベイやウォルマートなどたくさんある。一方、売る場所は少なく、それが「売り」になるという意見だった。

「これだ！」。レヴィタンは両手を打った。

ここから、メルカリを「売るアプリ」へとつくり替える作業が本格化した。

これまでのアプリは「販売」「購入」の双方に焦点を当てていたが、販売に焦点を絞った。

トップ画面に「速く簡単に販売」と大きく記し、目立つ位置に過去10分間に売れた商品の写真を表示した。フリマで販売済みの商品を紹介しても売上高は増えないが、ユーザーに「ここに出品すればすぐ売れる」と分かってもらうためのしかけだ。

3月に新たなアプリを公開し、基調色やロゴも一新した。アプリを大きく変えることが可能になったのは一年前にメルカリプラスを出し、ソースコードを日米で分ける決断をしていたためだ。日本側に気兼ねすることなく、大胆に手を加えられた。

直後にはメルカリ・インクでは初めてとなる全国的な広告キャンペーンを始めた。全国とはいっても、全米でテレビCMを一斉に流すほどの余裕はない。カリフォルニア州など4州を選び、街頭広告やラジオ広告を組み合わせる手法を選んだ。

サンフランシスコ郊外ではハイウェー沿いに「売るアプリ」と大きく書いた広告が登場した[8]。これは街頭広告の一例だ。

自動車通勤が多いためにラジオ広告が一定の存在感を維持していることに着目し、各局の人気DJを起用した「ご当地CM」も企画した。内容は様々だが、最後に必ずメルカリのつづりを読み上げさせる。知名度が低い米国ならではの工夫だった。

一連の取り組みが進みつつあった2018年5月下旬、メルカリ・インクはオフィスをサンフランシスコ市内からパロアルトに移した。パロアルトはシリコンバレーの中心地にあるスタンフォード大学に隣接し、周辺は市内よりも落ち着いた雰囲気だ。

ラーゲリンが入社したとき、サンフランシスコのメルカリ・インクでは40人ほどが働いていた。それが一年足らずで倍増している。移転は増員に対応するほか、サンフランシスコ市内よりもこちらにベテランのエンジニアが多いという事情もあった。

ラーゲリンはアプリの印象だけでなく、働く人という面でもメルカリを「大人の会社」にしようとしていた。

5月下旬、入居した直後の新オフィス。昼食などに使うイベントスペースに全社員を集めてラーゲリンは語りかけた。

「ここからニューメルカリが本格的に始まる」

壁には青を基調とした新しいロゴが掲げられ、まだペンキの香りが残っていた。石塚たちが試行錯誤しながら築いてきたメルカリ・インクを基盤に、米国事業の新章が始まろうとしていた。

10　成長痛

新会長、新社長への手荒な「就任祝い」だった。

メルカリは2017年4月14日、山田進太郎が会長兼最高経営責任者（CEO）、小泉文明が社長兼最高執行責任者（COO）に就いたと発表した[1]。プレスリリースではトップ交代のきっかけとなった米国事業について直接は触れず、「グローバルでの成長を加速させる」と説明していた。

その8日後のことだ。ツイッター利用者がこんな内容を投稿した。


【悲報】ヤフオクやメルカリで現金の出品が続出、5万円が59500円に。深刻化する貧困ビジネス、理由はクレカの現金化

メルカリは購入代金をクレジットカードで払えるようにしていた。現金をわざわざ額面

より高い金額で購入するのは、「クレジットカードのショッピング枠は残っているが、キャッシング枠はない。現金もない」というユーザーの利用を見込んだもので、実質的には高金利のローンになる。ヤミ金融に類する行為と見なされ、出資法に抵触するおそれがあった。

実はメルカリは以前から、ショッピング枠の現金化には神経をとがらせていた。「架空の商品を出品し、自分で購入するといった行為は禁止していた」。顧客サポート（CS）を担当する山田和弘は説明する。

注意していたものの、現金をそのまま出品する手口は想像の範囲を超えていた。

問題が発覚した直後、「ルール検討ミーティング」のメンバーに招集がかかった。利用規約の変更やその適用日、対応方法などについて話し合う会議体で、顧客サポートを担当する山田に加え、国土庁（現国土交通省）や楽天を経て入社した法務担当の城譲、4月に米国の担当を外れ、日本のプロダクト責任者に就いた伊豫健夫らが主要メンバーだった。

会議で出た結論は現金出品の即時禁止だった。ツイートが話題になった4月22日当日に新ルールを決め、5日後には顧客サポートの体制や捜査機関との協力といった取り組みとあわせて発表した［2］。

だが、これで騒ぎが収まることはなかった。

現金出品を禁止したところ、チャージした電子マネー「Ｓｕｉｃａ（スイカ）」を出品するユーザーが登場した。だが、4月22日のルール変更で電子マネーも禁止品目に加えており、これも規約違反となる。すると一万円札を折り紙の要領で折って「オブジェ」と称して出品するなど、知恵比べの様相を呈していった。

〝愉快犯〟も加わって大いに盛り上がり、一連の経緯は面白おかしく報道される。もっともこのときはルールの変更の決断が早く顧客サポート拠点における監視の目も強めたため、一週間ほどで下火になっていた。

ただ、一連の騒動には霞ヶ関も注目していた。

逆風

別の問題もあった。メルカリ関係者はこの話題になると一様に口を閉ざすが、きっかけと見られるのは２０１６年ころに始まった社外からの指摘だ。

「メルカリはユーザーから預かっているお金を広告費に流用している」。こんな見方が浮上していた[3]。もっとも「流用疑惑」については当時から法務担当の城が「売上金は分けて管理しており、流用の事実はない」と説明しており、この通りであれば大きな問題にならないはずだった。

もうひとつの指摘は、資金決済法にまつわるものだ。メルカリは当時、売上金を最大一年間にわたってプールし、ユーザーが商品の購入に利用できるようにしていた。これが資金決済法の定める「資金移動業者」にあたるというのだ。

資金移動業者として登録すると、預かっている資金の100％以上を供託などの形で保全することを求められた。ユーザー保護のための規則だ。

すでに売上金は分けて管理していたが、資金移動業者になることまでは想定していなかったようだ。

この対象となると、犯罪移転収益防止法に基づいてユーザーの厳格な本人確認が必要になる可能性が高い。インターネットを利用する際はユーザーに免許証などの画像のアップロードを求め、記載してある住所に転送不要郵便で取引関係文書を送らなければならない。後に規制緩和が決まるが、当時はこれが絶対だった。

従来はコンビニエンスストアで公共料金を代理受領するサービスを提供する企業などと同じ「収納代行業者」との立場をとっており、これで問題ないと判断していた。だが、話はここでは終わらなかった。水面下でメルカリへの監視が続いていたのだ。

しばらくすると、メルカリは別の形でも注目を集めた。

「時価総額1000億円超『メルカリ』上場は是か非か」

『週刊新潮』の誌面でこんなタイトルが踊ったのは2017年8月のことだ[4]。日本経済新聞が7月22日、メルカリが東京証券取引所に新規上場を申請し、年内に上場することを目指すと報じたことを受けた記事だった。

8月10日号ではメルカリが日本では数少ないユニコーン企業であることに触れ、基本的なサービスの仕組みについて説明していた。山田の経歴も紹介し、「現金出品」の問題や資金移動業者にあたる可能性などにも触れている。

ただ、メルカリにとって現金出品はすでに片付いた問題であり、資金移動業者の件も一段落したという理解だった。この記事を社内で深刻にとらえる向きは少なかったが、盆明けに書店に並んだ8月31日号はトーンが一気に厳しくなっていた。

「時価総額1000億円超『メルカリ』は泥棒市場だ」

見出しの前半こそ2週間前と一緒だったが、後半は「泥棒」という強く目を引く言葉が入っていた。

記事では万引き被害に悩む徳島県の書店チェーンが独自に調査したところ、店頭から持ち去られた大量の商品がメルカリで販売されていたという話を取り上げていた。運営会社の幹部は「少なくとも795点、金額にして約110万円の損害が出ている」と訴えていた［5］。

さすがに今回の記事は看過できず、顧問弁護士を交えて対応策を練る。「多くの事実誤認が含まれており、当社の信用を毀損する」などと記し訂正と謝罪を求める抗議文を発行元の新潮社に送りつけた。

メルカリにとってこの記事はタイミングも悪かった。ちょうど国会で古物営業法を改正する議論がスタートしていた時期に重なったからだ。

フリマアプリを対象とした本人確認の強化が盛り込まれる可能性があり、一方で自主的に対応すれば規制強化を免れる道も残っていた。

メルカリを開発するとき、プロダクト担当だった富島寛は「アプリの画面をなるべく少なくする」と口を酸っぱくして言い続けた。使いやすさがフリマアプリの最大の特徴だと考えていたからだ。

本人確認の強化は安心や安全の向上につながるかもしれないが、抜け道もあり完璧ではない。有効性が確認できないにもかかわらずプロダクトの利便性を下げるのが正しいのか。まだ、こんな考え方を捨てられないでいた。

ひずみ

時を同じくして、メルカリは別の問題にも直面した。

「あれ、おかしいぞ」。顧客サポートを担当する山田は対応を受けてから回答するまでの時間が長くなっていることに気づいた。従来の2倍以上の時間がかかる事例が増えていたのだ。

仙台市の顧客サポート拠点は2014年に10人体制で立ち上げ、当初から毎月10人のペースで増員してきた。ダウンロード数や流通総額（GMV）の伸びと同じペースで対応能力を高められたことが成功の秘訣だったが、どこかでバランスが崩れていた。

日本マクドナルドでマーケティングなどを担当し、2017年9月に入社した唐澤俊輔も違和感を覚えた。

唐澤のためにしつらえた「社長室」に配属になり、課題を整理するために約50人の執行役員やマネジャー全員と面談する。多くの人に共通していた問題意識は「経営陣が遠い」

ことだった。

初期からの幹部や社員は山田進太郎のことを「進太郎」と呼び捨てにしたり「進太郎さん」とファーストネームで呼んだりしていた。だが、社内コミュニケーションに使うビジネス向けチャットサービスのスラックで山田がまれに発言すると、入社から日の浅い社員は「神降臨!!」と盛り上がるのだった。

「話をすると普通の人なのに」と唐澤は思う。だが、入ったばかりの社員にはシリアルアントレプレナー（連続起業家）でありメルカリを急成長させた山田は、立志伝中の経営者になっていた。米国滞在が増え、東京・六本木の本社で見かける機会が減ったこともこうした傾向に拍車をかけた。

メルカリの国内における累計ダウンロード数は2017年4月に5000万を突破していた。同年6月期の連結売上高は前期比8割増の220億7100万円に増えている。グループの社員は600人に迫っており、外形的にはもはや勢いだけのスタートアップ企業ではなかった[6]。

急成長のひずみが表面化し、大企業病ともいえる兆しが出ていた。

それにもかかわらず経営陣や社員の意識はできたばかりのスタートアップ企業のそれと大きく違わなかったのだ。

自画像と他人の目に映る姿に大きな違いが生じ、不協和音を奏でていた。

深い反省

2017年10月。メルカリ社員はスラックを通じて山田から送られてきたメッセージを読み、息をのんだ。

「今まで我々はスタートアップとして生き残るのに必死で、自分たちの目指す世界観をプロダクトその他に詰め込んで事業をしてきました。Go Boldにやってきたからこそ成功してきたという側面もあります」

冒頭こそいつもの調子だが、すぐにトーンが変わった。

「しかし、その姿勢がいつの間にか巨人メルカリからの圧迫として、ステークホルダー（お客さま、取引関係者、関係省庁など）に捉えられることが増えていました」

このように現状を分析し、自社の責任に触れている。「ここまで日本でメルカリが使われるようになってきた中で社会的責任が出てきています」

ここまではある意味、想定内かもしれない。それだけメルカリへの風圧は強まっていた。通常であれば問題への対応方法へと話題は転じるが、その前に社員の目を引く文言があった。

「この大きな変化に気づけなかったことは、私の経営者としての未熟さであり、大変申し訳なく思っています。もっと謙虚かつ寛容にならなければならないと考えています」

全面的な反省だった。経営者として「未熟」という言葉を選ぶのは決して軽くない決断だが、これくらいのことが必要との判断だった。

相前後して経営陣は、「愛されるメルカリにならなければならない」と訴える場面が増える。そのためには広告を一時的に止めても構わないという発言さえあった。

2013年のサービス開始以来、インターネットとテレビを通じた広告はダウンロード数や流通総額を伸ばす大きな原動力だったはずだ。

このころになると以前ほどの依存度はなくなっていたものの、季節変動の影響を小さくしてビジネスを安定させるといった目的では、依然大きな役割を果たしていた。それを全面停止しても構わないというのだ。それくらい本気だった。

社外から指摘を受けてきた問題の解決に向けた取り組みも加速した。

最大の課題だった資金決済法に基づく地位は資金移動業者ではなく「前払式支払手段発行者」とする案が浮上した。商品券やギフトカードなどを発行する企業と同じ扱いで、未使用残高の50%を供託すればよい。

ただ、より大きな課題は供託ではなく、本人確認の手続きだった。前払式支払手段発行者であれば転送不要郵便の活用までは求められない。

一方、自主的な取り組みとして初めて出品するときに住所、氏名、生年月日の登録を必須とすることを決めた。これにより、古物営業法の改正に伴う規制の強化を避ける流れもつくった。

２０１７年11月14日、メルカリは仕様変更を正式に発表した[7]。

・初回出品時の本人情報登録必須化
・振込申請期限の変更
・売上金を用いた商品購入手順の変更

従来、振込金は一年間プールしておけたが、90日に短縮した。振込の頻度が上がり、ユーザーにとっては手数料の負担が重くなるおそれがある。

購入手順を変更したことにより、売上金をそのまま使って商品を購入することができなくなった。前払式支払手段発行者となることを受け、ポイントに交換することを求めたのだ。手間が増し、さらに一度ポイントにすると現金に戻せず、利便性は下がる。

前払式支払手段発行者の登録手続きが完了するのを待ち、12月4日に新たな仕様へと切り替えた。

インターネットでは一連の変更について「改悪」「面倒くさい」「90日間は短すぎる」との声が上がった。当然の反応だが、実際には流通総額が落ちるといった悪影響は少なかったようだ。

本人情報を登録する仕組みを追加するときはプロダクト部門がユーザーを対象とした面談調査、2種類の案を用意して反応を試すA／Bテストを繰り返した。慎重な対応が奏功した。

緊急増資

一方、それでもまったく気が抜けなかったのが最高財務責任者（CFO）の長澤啓だった。

2018年7月、長澤は取材に応じた。この時期の動きについて「詳細は話せない」と多くを語らなかったが、2017年10月ころになると複数の機関投資家がメルカリの第三者割当増資の誘いを受けるようになっていた事実がある。

この少し前には年内の新規上場が既定路線となっており、わざわざ直前に増資を実施する必要はない。急きょ動き始めたのは一連の問題への対応が長引き、新規上場の時期が延期になったためと考えるのが自然だ。

２０１７年６月のメルカリの連結業績を見ると、売上高こそ大幅に増えているが、その一方で最終赤字も膨らんでいた。赤字は42億円あまりで、前期の10倍以上の水準だ。米国を中心にマーケティングや採用のコストが膨らんでいた。

年内の新規上場がかなわなかったことにより、資金計画の目算が狂ったようだ。万が一、債務超過に陥るようなことがあれば新規上場は一段と遠のく。投資を続けるためにも、もう一度、増資を実施することが不可避になった。

結局、追加の資金調達に踏み切り、日本郵政のベンチャーキャピタル（ＶＣ）子会社である日本郵政キャピタルやヤマト運輸などが応じた。「ゆうゆうメルカリ便」「らくらくメルカリ便」といったメルカリで販売した商品を送るサービスで関係があった企業だ。

増資は3月13日に完了したがこの時点では対外発表はしていない。

2カ月後の5月14日、メルカリは東京証券取引所のマザーズ市場への新規上場が承認された。このとき公表した目論見書のページを繰っていくと、増資の事実がしっかりと記録されていた［8］。長澤の苦労の跡がうかがえた。

メルカリは2013年5月に松山太河が率いるイーストベンチャーズから5000万円を調達したのを手始めに、未上場企業として集めた資金は合計で175億円に達した。新規上場により株式市場からさらに601億円を調達した。

これにより打ち手が広がる一方、株式市場のプレッシャーという新たな難題にも直面するのだった。

11 テックカンパニー

2017年4月、メルカリの社長が山田進太郎から小泉文明へと交代した。なかなか本格的な離陸期を迎えられない米国事業に、山田がより注力できる体制をつくることがトップ交代の狙いだった。

これにあわせて米国の事業運営体制も大きく変わる。東京から米国のプロダクトをみていた伊豫健夫が担当を外れ、日本のプロダクト責任者に回った。

この結果、いわば玉突きで手持ち無沙汰になったのが日本事業を切り盛りしてきた濱田優貴だった。

だが、山田にとってこれは好都合だった。メルカリは「現金出品」などで激震に見舞われていたが、そんなさなかでも中長期の成長に向けた取り組みに力を入れてほしいと考えていたからだ。

「一度忙しさを手放して、暇になってよ」。濱田の担当が変わることが決まったころ、定例のミーティングで山田は濱田に話しかけた。「濱ちゃんだったらだいたいのことができるのは分かっている。そういう仕事を任せて暇になれば本当にやるべきことが分かる」。こう続けた。

濱田は山田の仕事ぶりを見ていて不思議に思うことがあった。とにかく細かいことを含めて様々なことに気づくのだ。「なんで色々と気付くのですか」と尋ねると、山田が答える。「だって僕、基本的にやることないから」

「濱ちゃんも早く暇になることで、色々と気付くようになるよ」。経営者が幹部に暇になれというのはおかしな話のようにも聞こえるが、濱田は素直に「確かにそうだな」と思った。

助っ人

山田から「暇になれ」と助言を受けた直後、濱田は東京・六本木の「六本木グランドタワー」を訪れた。

成人向けコンテンツから外国為替証拠金取引（FX）や英会話、ゲームなどへと事業を広げてきたＤＭＭ・ｃｏｍが本社をこのビルに移し[1]、新本社をお披露目するパーティが開かれたのだ。

2013年2月にメルカリの前身となるコウゾウが誕生したとき、本社を置いたシェアオフィスはこの場所にあった。濱田は意識していなかったが、メルカリの「創業の地」にいたことになる。

パーティの会場で濱田は、小笠原治と出くわした。

小笠原はさくらインターネットの共同創業者で現在は同社のフェローを務める。IoTやハードウエアといった分野で起業支援を手がけるABBALabの代表取締役、京都造形芸術大学の教授など多くの肩書を持つが、濱田にとってひときわ印象が強いのは東京・六本木のスタンディングバー「awabar」のオーナーとしてだ。

1971年に生まれた小笠原は濱田とはちょうどひと回り年が違う。高校卒業後に建築事務所に入社し、そこで図面を送るために黎明期のインターネットに触れた。

これがきっかけとなってインターネットにのめり込み、現在はさくらインターネットの社長を務める田中邦裕と知り合う。共同で同社を立ち上げたほか、田中からの出資を受けてコンテンツ制作会社を立ち上げた。

小笠原は次第に活動の軸足をコンテンツ制作に移していくが、最終的に行き詰まる。他社に人材を移管して小笠原もそちらに移籍するものの、2005年ころからは「あまり仕事をしていなかった」という。

再起動に際して「これまでと同じことをやるよりも、人が集まる場をつくる方が面白そうだ」と考えて開いたのがａｗａｂａｒだった。

２０１０年にオープンしたａｗａｂａｒは小笠原の思惑通りインターネット業界の起業家が入り浸る名物店となり、様々なＭ＆Ａ（合併・買収）や人事の舞台にもなるのだった。

濱田は一時期、この店を共同経営していたことがある。正確には共通の友人を介して小笠原と知り合い、濱田が副社長を務めるサイブリッジが営んでいた飲食店事業とａｗａｂａｒの経営を一本化したのだ。

結局、サイブリッジの運営するイタリアンレストランなどとスタンディングバーでは相乗効果が乏しく、一年ほどで事業を再び分けることになる。だが、その後も濱田が客としてａｗａｂａｒを訪れるなど小笠原との交流は続いていた。

ＤＭＭ・ｃｏｍのパーティで会った２人はその日、東京・六本木のお好み焼き店で夕食をともにした。スマートロックの開発を手がけるｔｓｕｍｕｇ《ツムグ》の代表取締役を務める牧田恵里もちょうど居合わせ、会食に加わることになった。

ａｗａｂａｒの経営により〝社会復帰〟した小笠原は２０１１年にシェアオフィス「ｎｏｍａｄ」も開く。これにより、インターネット業界との距離がぐっと近くなった。刺激を受けて2年後に設立したのがＡＢＢＡＬａｂだった。

ただ、投資や起業支援でもこれまでと同じ道をたどりたくはなかった。「お節介なソーシャルメディアや課金ばかりのゲームは面白くない」。インターネットから一歩踏み出し、ＩｏＴやハードウエアに照準を合わせたのはこうした考えがあったためだ。

ｔｓｕｍｕｇはＡＢＢＡＬａｂが運営するファンドの投資先のひとつで〔2〕、小笠原は社外取締役を務めていた。お好み焼き店で小笠原は、牧田が同席していたこともありｔｓｕｍｕｇの事業、そしてスマートロックの可能性について熱っぽく語った。

スマートロックに対する一般的な受け止め方は「スマートフォンでカギの開け閉めができれば便利だろう」くらいのものではないだろうか。濱田も五十歩百歩だったが、小笠原はセキュリティの重要性について説明し、一般のインターネットではなく携帯電話などで使っているＬＴＥを活用する利点を説いた。

「インターネットの可能性にいち早く気付いてサーバー運営会社をつくった人なので当然だが、技術を裏付けにして深く考えている」。こう思った。

濱田はしばらく前から、山田が「もう少しテクノロジーに力を入れたい」と話すのを耳にするようになっていた。山田は技術力で圧倒的な差をつけないと激しさを増す競争に勝てないとの思いを強め、濱田に対応を促していたのだった。

小笠原の関心はインターネットからIoTやハードウエアへと広がり、awabarやnomadのおかげで人脈も抜群に広い。お好み焼き店を出るころには、小笠原という強力な助っ人を得れば面白いことができるに違いないとの思いを強くしていた。

攻めのテクノロジー

awabarやnomadには山田や小泉、弁護士の猪木俊宏といった面々が出入りしており、小笠原にとってメルカリのキーパーソンの多くは知り合いだった。

特にメルカリがサービスを始める前後に入っていたイーストベンチャーズのシェアオフィスはawabarの向かいに建つビルの中にあり、小笠原は〝客引き〟となって帰宅前に一杯飲んでいくように勧めていた。

こうした経緯もあったので濱田の誘いを断る理由はなかった。

「メルカリはこれまでデザインとエンジニアリング、そしてオペレーションの会社だった。そこにテクノロジーやサイエンスを加えることでこれまでになかった価値を提供できるのではないか」。濱田と話すなかで、小笠原はこう考えるようになっていた。

もっとも、決してメルカリにテクノロジーがなかったわけではない。

サービスを始める前からサーバーの反応速度や画像圧縮といった技術には人一倍、気を使ってきた。「旧型のスマートフォンでも速度が落ちにくいから使ってもらえた面もある」と濱田はいう。

ただ、従来はどちらかというと裏方の技術が中心だった。「守りに加えて攻めのテクノロジーをやりたい」。濱田が主導し、人工知能（ＡＩ）やＩｏＴ、ブロックチェーンといった最新技術を開発する研究機関を設立する構想が動き始めた。

進化途上の技術を開発するには、現在はオープンイノベーションの流れもあり、社外との連携がカギを握る。

「まずテックカンパニーとしてメルカリのプレゼンスを上げる必要がある。そのためには現在のプロダクトに寄せすぎたり、技術を囲い込んだりしない方がいい」。濱田はこう考えていた。

取り組むテクノロジーの間口を広げて、多くの研究者や企業と組むために役立ったのが小笠原の経験だった。

映像技術の分野でシャープと共同研究を手がけることになるが、これは小笠原のネットワークが生きた一例だ。

小笠原が小学校のときに初めて触れたマイコンがシャープの「ＭＺ－８０Ｋ」だった。

これがシャープへの好印象を生んでいたことに加え、ＡＢＢＡＬａｂの運営するファンドは台湾の鴻海精密工業から出資を受けている。

鴻海がシャープに出資することにより小笠原とシャープの間の距離がぐっと近づき、メルカリとシャープとの共同研究につながった。

２０１７年12月22日、東京・六本木の本社でメルカリは研究開発組織「Ｒ４Ｄ」の設立を発表した[3]。担当役員は濱田、小笠原はシニアフェローに就いた。

研究開発は英語の頭文字をとって「Ｒ＆Ｄ」と呼ぶが、この名称にしたのはＤに４つの意味を込めたからだ。記者会見で濱田は説明した。

「Ｄにはデベロップメント（開発）に加えて、デザイン（設計）、ディプロイメント（実装）、ディスラプション（破壊）という４つの意味を込めた。試験にとどまらず、実験段階のものでも社会に出していきたい」

記者会見には日本のインターネット分野の第一人者で慶応義塾大学の教授を務める村井純、筑波大学の准教授でメディアを通じた活動でも注目を浴びる落合陽一、シャープの常務で研究開発事業本部長を務める種谷元隆らが顔をそろえた。

エンジニア1000人構想

記者会見には山田も出席した。この日の主役はR4Dの構想を温めてきた濱田だったが、やはり会長兼CEO、創業者の存在感は違う。プレゼンスを高めるという目的と照らし合わせても山田の出席は欠かせないものだった。

この場で山田はひとつ、重要な発言をしている。「3年で1000人のエンジニア体制を目指す」――。この時点でメルカリのエンジニアは100人あまりだったので一気に10倍近くに増やすことになる。そんなことが可能なのか。実は半年ほど前に実現に向けたプロジェクトが動き始めていた。

イラストやマンガの共有サービスを手がけるピクシブを退社した田面木宏尚がメルカリに入社したのは2017年2月のことだ。6年ほど在籍したピクシブでは同じ年齢の社長、片桐孝憲を支え、入社時に20人ほどだった社員は130人まで増えていた。

田面木はピクシブで管理部門を一からつくる役割を担った。経営者としての片桐を立てる一方、自分は黒子に徹した。最後の一年はグループ会社の社長を務めたが、自分には黒子役がふさわしいと強く感じたのだった。

「やはりフロントマンには向いていない」。行き詰まりを感じていたころ、片桐がDMM・

ｃｏｍの社長に転じる人事が固まった。これを契機に自分も退社することを決め、その情報をめざとく見つけた山田がメルカリに引き込んでいたのだった。

メルカリに入った田面木はしばらくすると、当時、ＰＤＣと呼んでいたチームを担当することになった。ＰＤＣはプロダクト・デベロップメント・コーディネートの略で、米国などの海外拠点とやり取りする際の通訳や翻訳の役割を担っていた。

「もっとグローバル化を進めたい」。山田が田面木とのミーティングでこう話したのは、田面木がＰＤＣの担当となってからしばらくたったころだ。

山田にとってテクノロジーとグローバル化は根っこのところでつながっていた。１００0人ものエンジニアを集めるのであれば、どう考えても国内だけでは足りない。

最高技術責任者（ＣＴＯ）の名村卓とやり取りするなかで今後必要となるエンジニアの規模を具体的に想定するようになっており、実現するためには半数は海外から採用する必要があると考えていた。

「僕はピクシブで外国人の採用をやっていましたよ」。山田の考えを聞くと田面木は前職での経験を具体的に話した。このミーティングがきっかけとなって海外採用に本腰を入れる方向性が決まり、担当組織をつくることになった。

インドを狙え

PDCを衣替えする形で「グローバル・オペレーションズ・チーム（GOT）」を設けたのは2017年6月のことだ。

メルカリに入った直後、田面木が驚く場面があった。入社から日の浅いインド出身のエンジニアがあるテストを自動化するシステムをわずか2日間でつくり、それがよくできていたのだ。

ピクシブ時代にもインドの学生の優秀さについて聞く機会があった。特にインド工科大学（IIT）はエンジニアの供給源となり、グーグルやマイクロソフトといった世界の主要なテクノロジー企業が殺到していると耳にしたが、ピクシブの企業規模では採用活動の負担が重いと諦めていた。

「ちょっと費用はかかりますが、IITから採用しませんか」。田面木が濱田におそるおそる提案すると、予想に反して濱田は実施を即決した。こうしてIITから学生を採用するプロジェクトが始まった。

すでに細々とではあるが外国人の採用は始めていたので、この分野に強い採用支援会社とのツテはある。こうしたルートを使って情報を集めると、IITから採用するには周到な準備が必要だと分かった。

ＩＩＴは毎年12月、傘下の各校で就職面接を実施する。この場で企業の採用担当者と学生が会い、内定を出す仕組みだ。その場限りの一発勝負で、学生は内定をもらった瞬間に就職活動が終了となるのだった。

問題はこの面接の順番だった。企業ごとに時間帯が割り振られており、当然、早い時間帯の方が優秀な学生を採用できる可能性が高くなる。いい時間を確保するためには大学の就職窓口との関係構築が必要であり、そのためには存在感や評判を高めておく必要があった。

ツテも知名度もないメルカリが考えたのは、学生や就職窓口への〝マーケティング活動〟としてハッカソンを実施することだった。

２０１７年10月、インド・ムンバイの高級ホテル「ハイアット・リージェンシー・ムンバイ」の宴会場は学生の熱気でむせかえっていた。

メルカリは、ハッカソンに参加する学生がインド各地からムンバイに来るための交通費とホテル代を負担し、優勝すると日本旅行や10万円相当の賞金も贈る。破格の条件に１４００人もの学生が応募し、ここから厳選した30人が参加したのだった。

学生はチームに分かれ、２日間でアプリを開発する。最後のプレゼンを見ていた田面木はうなった。「やはり優秀だ」

もちろん、マーケティングとしての側面も忘れていない。学生にはメルカリのロゴが入ったTシャツを配り、キャンパスで着用してもらった。学生が自分の体験をフェイスブックに投稿すると300もの「いいね！」が押されることもあった。準備が整ってきた。

2017年12月。面接日にあわせてメルカリはインドに合計20人の規模の採用チームを送り込んだ。

田面木はインド東部に立地するカラグプール校、そしてデリー校を担当した。空路でムンバイに入り、国内線でコルカタに移動するスケジュールだった。深夜に空港に到着すると、そこからバンで5時間移動して翌朝には面接するといった強行軍だった。

グーグルのCEO、スンドラ・ピチャイの出身校としても知られるカラグプール校はIITのなかでも優秀な学生が多いことで知られていた［4］。事前の取り組みも奏功し、メルカリはここで初日に面接する権利を得る。同じ部屋で直前に面接していたのはライドシェア大手のウーバーテクノロジーズだった。

初年度、IITからは結局33人の採用を決めた。2018年10月、東京・六本木の本社で開いた入社式にはこの全員が参加した。

秋入社という事情はあるものの、入社式にはIIT出身者を含む42人の外国人が出席し、数の上では日本人を上回った。

もっとも入社と定着は別物だ。「カレーのケータリングが必要だ」「日本語教育はどうしようか」「西葛西のインドコミュニティとの連携は?」。GOTは入社式の直前まで、受け入れの準備に追われていた。その成果が問われるのはこれからだ。

本格採用の「一期生」の今後は、メルカリが山田の思い描くようなテックカンパニーに飛躍できるかを占う試金石となる。

12 プラットフォーム

メルカリが全額出資子会社のメルペイを設立したのは2017年11月20日のことだ。

この年は春先から現金の出品や盗品の販売、さらに資金決済法への抵触といった問題が噴出している。

利用者や監督官庁の懸念を払拭するため、11月14日に初回出品時に本人情報を登録することを義務化するといった仕様の変更を発表した。それから一週間もたたないタイミングで成長に向けた新たな戦略を打ち出した格好だ。

もちろん、準備はこれよりも前に始めた。大騒動の渦中で、研究開発組織「R4D」の設立準備やインドからの採用だけでなく、メルペイの設立準備も着々と進めていたことになる。

メルカリはメルペイの目的について「金融関連の新規事業を行う」と説明している[1]。登記簿の「目的」の欄にも金融業やクレジットカード業、金融商品取引業といった文字が並んでおり、対外的な発表と食い違いはない。

一方、この文書でしか分からない事実もある。設立時の代表取締役はメルカリの新規事業を担う子会社、ソウゾウの社長だった松本龍祐が兼務していた。ところが11月28日、グリーで最高財務責任者（ＣＦＯ）を務めた青柳直樹に交代しているのだ。

松本が８日間だけ代表取締役を務めたという事実は、メルペイのルーツがソウゾウにあることを示す足跡といえる。

新規事業開発会社

山田進太郎は２０１４年12月末、松本を昼食に誘い出した。

この年、メルカリは初めてテレビＣＭを流した。その効果もあってユーザーが急増し、9月にはアプリの累計ダウンロード数が５００万を突破する。もちろん急成長に違いはないが、まだまだやることは残っていた。

「次の事業をつくってほしい」。年末のカフェで山田は切り出した。

コウゾウの最初のプロダクトとして立ち上げたメルカリは幸運にもヒットしたが、基本的に新規事業の成功確率はきわめて低い。そして、どんな事業にも寿命がある。新規事業を生み出す枠組みや人材を求めない理由はなかった。

山田が松本のことを知ったのは２００９年のことだ。４月23日、交流サイト（ＳＮＳ）を運営するミクシィがプラットフォームのオープン化を発表するカンファレンスを開いた。ミクシィはＳＮＳに連動するアプリの開発を促すためにファンドを設立し、松本が社長を務めるインターネット企業、コミュニティファクトリーが最初の投資先だった。松本はこうした経緯があり、登壇者のひとりとなった。

中央大学在学中にコミュニティファクトリーを設立した松本は、起業家として何度も挫折を経験し、経営者として地獄を見ている。

そもそも会社を設立したきっかけも挫折だった。料理が得意だったため大学3年のときにカフェの経営に乗り出すが、店舗のオーナーときちんとした契約を結んでいなかった。これがあだとなり、経営が軌道に乗ったところで追い出される憂き目に遭った。

卒業後もカフェ経営を続けようと思っていたが、進路を突然見失う。このときにやむなく始めたのが、ＳＮＳのモニター調査のアルバイトだった。

モニター調査で手腕を発揮したことが契機となり、企業からＳＮＳを使ったマーケティングを請け負うようになる。受け皿として設立したのがコミュニティファクトリーだった。

次に大学生を対象としたＳＮＳを始めるが、２００８年のリーマン・ショックで資金調達の目算が狂い、破綻の淵まで追い込まれる。

このとき、SNSのオープン化を控えていたミクシィはコミュニティファクトリーをアプリ開発に活用できると踏み、松本に手を差しのべた。当時、小泉文明がミクシィのCFOを務めており、2人は後にメルカリで再会する。

ミクシィ向けのアプリは当初、うまくいった。ところが、ソーシャルゲームの大波に乗ることはできず、経営は再び行き詰まる。軸足をスマートフォンのアプリに移し、試行錯誤の末に生み出した「デコピック」で一息つくのだった。

2011年秋に出したデコピックは「プリクラ」の要領で写真を加工できるのが特徴だ。ひとつ前に出したアプリがなぜか台湾でヒットし、この経験をもとにして日本語、英語、韓国語、そして中国語の繁体字と簡体字で使えるようにした。

日本の「かわいい文化」がアジアでも受け入れられる流れがあり、累計ダウンロード数は一年間で700万に達した。ようやく手にしたヒットであり、しかもユーザーは広く海外に広がった。

この実績に目を付けたのが2012年6月に宮坂学が新社長に就いたヤフーだった。

ヤフーは「爆速経営」をスローガンとして掲げ、出遅れていたスマートフォンへの対応を強化する。アプリ開発、海外でのヒット、そして女性向けのメディアにも強いコミュニティファクトリーはヤフーと相互補完の関係にあり、2012年9月に買収した[2]。

松本はヤフーで「アプリ開発室」を立ち上げ、アプリの使い勝手向上に注力した。こうした取り組みに手応えを感じる一方、ヤフーでは管理職としての役割を求められ、物足りないという思いも募った。

「また、自分で事業をやりたい」。こんな気持ちが強くなり、週末の時間を使って新たなプロダクトのプロトタイプをつくり始めた。そんなころ、山田から声がかかったのだった。

山田は当然、松本のここまでの歩みを見ていた。デコピックをヒットさせた手腕はもちろんのこと、挫折を何度も経験してもしぶとくよみがえるタフさは魅力だった。

どうにかして松本と仕事ができないか。山田は構想やビジョンを語ったが、結果として切り札となったのが松本に初めて伝えたメルカリの流通総額（GMV）の伸び率だった。

自らも様々なサービスをつくってきた松本はその数字を聞いて驚いた。実はヤフーでは女性向けのフリマアプリ「クロシェ」を手がけており、この分野で成功する難しさも骨身にしみていた[3]。

山田の話を聞いていると、松本にはメルカリが10年に一度しか登場しない貴重な会社に思えた。「起業はいつでもできるが、10年に一度の会社に入り、経営陣の近くで仕事をする機会はめったにない」

松本は２０１５年5月にメルカリに入社し、４カ月後には新規事業を担当する子会社としてソウゾウを設立して社長に就いた。

「別会社にしないと事業を一気に加速できない」。年末に昼食をともにした際、山田は松本にこう伝えていた。９カ月の時を経て構想が具体的に動き始めた。

決済に踏み出す

「メルカリが『モノ』を対象としたプロダクトなので、次はサービスかな」

２０１４年12月、入社前の松本は山田とこんな会話を交わしている。まだぼんやりとした構想だったが、コンセプトを詰めて開発し、２０１６年3月に「メルカリ　アッテ」を公開した[4]。

アッテは地域コミュニティに特化したＣ２Ｃ（個人間）取引のアプリだった。

「あげます・売ります」に加えて、「ください・買います」や「貸して・教えて・助けて」といったカテゴリーがあり、モノに加えてサービスを近所の人とやり取りできる仕組みだった。

直接「会って」やり取りするため、アッテと名づけた。

サービスが始まってから半年ほどたつと、このプロダクトを海外展開するための準備が始まった。

「直接会うので、決済や物流システムの整っていないアジアでも展開できるのではないか」。松本はこう考えた。出世作のデコピックをアジアでヒットさせた自信もあった。

ヤフーで松本と一緒に働いていたデザイナーの井上雅意はソウゾウの発足にあわせて入社し、海外展開の準備プロジェクトを担当した。2カ月にわたってアジア各国を訪れ、アッテの展開に向けた市場調査を進めた。

「なんだこれは」。井上が目を丸くしたのは、インドネシアで見た「ゴジェック」と呼ぶサービスだ。

米ウーバーテクノロジーズのライドシェア（相乗り）と同じ要領でバイクを使って人を運ぶサービスだが、それだけではない。飲食店からの出前も運び、マッサージ師まで連れてきてくれるのだ。

こうしたサービスが生活の隅々まで行き渡っている様子が見てとれた。

大いに刺激を受けたが、自動車でもバイクでも、ライドシェアを日本で実現するのは容易ではない。「今の制度で可能なものは何か」。思案するなかから生まれたのが2018年2月に福岡市でサービスを始める自転車シェアの「メルチャリ」である。

市場調査に訪れて刺激を受けた国がもうひとつあった。中国だ。

街中には様々な色のシェア用自転車があふれかえり、ライドシェアも広がっていた。インドネシアのような出前サービスも充実している。そして、こうしたサービスはいずれも、インターネット大手のアリババ集団や騰訊《テンセント》控股が手がける決済サービスと紐付けられていたのだった。

こうした状況を見聞すると、松本は猛烈に焦った。「決済をやらないと手遅れになる」

2016年5月、メルカリに決済プラットフォームを担当するチームを設けて下準備を始めた。フリマアプリに組み込まれていた決済の仕組みを切り離し、様々な場面で使えるようにする試みだ。

さらに半年後にはこのチームはメルカリからソウゾウに移管される。ソウゾウの開発している新サービスが、決済プラットフォームの最初の〝利用者〟となる可能性が高かったからだ。

こうして決済プラットフォームの開発は松本の直轄になるが、大きな問題があった。

金融は規制業種であり、リスク管理などの面でも一般のインターネットのプロダクトとは桁違いの管理体制や知見が必要になる。松本には自分がトップとして金融事業を率いる姿を鮮明にイメージすることができなかった。

説得する

青柳直樹がグリーの取締役執行役員常務を退任したのは2016年9月のことだ。ドイツ証券からグリーに転職し、10年あまりがすぎていた。

金融、インターネット、そしてスタートアップ企業のバックグラウンドを持つ青柳には経営幹部や社外取締役としてのオファーが殺到した。メルカリの山田も青柳に声をかけたひとりだ。

青柳は1998年、慶応義塾の志木高校から総合政策学部に進学した。日本はバブル景気が崩壊して低成長時代に入り、米国ではインターネットバブルがピークに向かっていた。青柳が大学卒業後、外資系証券会社の門をたたいたのは、こうした時代背景と無縁ではない。

大学では日本のインターネットの父と呼ばれた村井純の授業を受講し、刺激を受けた。後に小泉内閣で総務相などを務める竹中平蔵が主宰するゼミに入り、起業家の話を聞く機会にも恵まれた。

竹中も起業やベンチャー企業への就職を勧めたが、結局断念する。インターネットバブルは崩壊し、希望は一気にしぼんだ。

青柳は大手建設会社（ゼネコン）でゴルフ場開発などの仕事をしてきた父親の姿を見ていた。バブル崩壊は青柳家にも影を落としていた。「若いうちに実力を付け、どうなっても生きていけるようにしたい」。これがドイツ証券への入社につながった。

ところが、ドイツ証券でＩＴ（情報技術）やインターネットの近くに身を置くことになる。配属先の投資銀行部門でこうした分野を担当し、ダイエーが保有するリクルート株の売却、エルピーダメモリの新規上場といった案件を手がけることになった。

なかでも印象深かったのが楽天だった。東京・六本木の六本木ヒルズに構えていた本社に通い、Ｍ＆Ａ（合併・買収）の案件を持ち込んだ。ここで楽天の幹部や社員を見ていると、「こういう働き方もいいな」と思うようになっていった。

とはいえ当時の楽天はすでに上場している大企業だ。このころ、あるパーティでグリーの社長、田中良和に出会う。グリーが運営していたＳＮＳを通じて交流を深め、同席した飲み会の帰り道に「ＣＦＯを探しているんですよ」と声をかけられた。この誘いに乗り、２００６年に転職した。

グリーで青柳はＫＤＤＩからの資金調達、新規上場、そして海外Ｍ＆Ａを担当する。最終的にこのＭ＆Ａは成功しなかったものの、同時並行で進めた国内におけるスマートフォン向けゲームが軌道に乗りつつあった。

「10年で一サイクル」。漠然とではあるものの、グリーに入社したときからこんな考えが頭にあった。田中に辞意を伝え、2016年9月にグリーを離れた。

「金融事業をやろうと思っている」。青柳と面会した山田は切り出した。ただ、このとき青柳は一緒にやろうという誘いを断っている。「まだ、そういう気分ではない」

山田の説得は断続的に続くが、青柳が首を縦に振ることはなかった。

「上海に行きませんか」。2017年8月、サイバーエージェントからソウゾウに転職したばかりの横田淳が山田から誘いを受けた。

8月の上海は蒸し暑い。汗をふきながら宿泊先のホテルに入っていくと、そこにいたのは青柳だった。横田は志木高校で青柳の先輩にあたり、以前から面識があった。

山田は青柳から上海に行くという話を聞くと自分の予定もあわせ、横田、そして中国のスタートアップ事情に詳しい家田昇悟を同行させたのだった。

3日間にわたって最先端といわれた中国のフィンテック事情をつぶさに見て回った[5]。スマートフォンにアリババやテンセントの決済アプリをダウンロードし、町中にあふれるシェア用の自転車に乗ってみる。コーヒー店ではQRコードで飲み物を買い、驚きや発見について話した。

「一緒に何かしたいね」。山田はこう口にしたが、青柳から色よい返事はない。ただ、青柳の気持ちはメルカリの金融事業に傾き始めていた。

青柳には入る前にはっきりとさせておきたいことがあった。メルカリにとって米国事業が最重要ということは分かっていたが、決済の位置づけがはっきりしなかったのだ。

そこで取締役一人ひとりとの面談を設定してもらった。結果は案の定とでもいうべきものだった。ある取締役はビットコインについて熱心に語り、また別の取締役は「(決済は)あってもいい事業」との考えを示した。

山田は金融事業について以前から青柳に「任せる。好きにやっていい」と話していたが、良くも悪くも白紙だった。

ちょうどこのころ、メルカリは『週刊新潮』の報じた盗品販売が決定打となり、社会的に追い込まれている。青柳と会う山田の表情にも疲労がにじんでいた。だが、この状況が最終的に青柳のメルカリ入りを決定づけるので、何が幸いするか分からない。

「メルカリに社会的な責任が大きくなっていたにもかかわらず、それに気付かなかった。これは自分の経営者としての未熟さであり、申し訳なく思う」。山田はスラックを使って全社員にメッセージを伝える少し前、青柳の前で同じ話をしていた。

企業経営には浮き沈みがある。青柳は前職も含めてそうしたシーンを多く目にしてきた。創業者が心から反省するのであれば、会社は個人を上回る存在になれるのではないか。そう思い、青柳はメルカリへの入社を決めた。

挑戦が再び始まる

２０１７年12月4日、メルカリがメルペイの設立を発表した。この時点の取締役は代表権を持つ青柳を筆頭に、松本、横田、そしてＬＩＮＥで決済事業の立ち上げに携わった曾川景介が脇を支える体制になった。

横田が管理部門、曾川が技術を担当し、松本がソウゾウの社長と兼務ながらプロダクト全般を見る体制となった。４カ月後、松本はソウゾウの社長を退き、メルペイに専念することになる。

ここからメルペイは猛烈な勢いで採用を進めていくが、その前に済ませておかなければならないことがあった。

青柳や曾川がメルペイの事業計画を詰めるなかで浮かんできたのは「お金の流動性を高める」というコンセプトだった。決済サービスを使いやすくすると同時に、極端な話をすればお金がなくてもメルカリ内で取引が成立する仕組みができるかもしれない。

「信用を創造して、なめらかな社会を創る」――。議論を通じて生まれたメルペイのミッションはこれだった。

なめらかという言葉でメルカリは一度、失敗している。

メルカリは2014年、小泉の入社直後にミッションとバリューを決めた。ここで「なめらかな社会」の創造をミッションに据えるのだが、それに対して『なめらかな社会とその敵』の著書がある鈴木健が異議を唱えたのだ。

鈴木は山田の古くからの友人であり大ごとにはならなかったが、それでも「(自分の定義とは)意味が違う」としっかりと主張した。鈴木からすると「物品やサービスの取引コストを下げる」は自分が唱えたなめらかな社会の範疇《はんちゅう》に入らなかった。

メルペイの「お金がなくてもモノの交換が成立する」は本来の意味に近いはずだ。こう考えた山田は青柳と曾川を伴って鈴木のもとを訪れ、許可を求めたのだった。

既視感のある光景だが、共通点はこれだけではない。

決済プラットフォームを巡る競争は、かつてのフリマアプリと相似形だ。キャッシュレス化の流れを追い風にNTTドコモ、KDDI、ソフトバンク・ヤフー連合という通信を主軸とする3社がQRコードなどを活用した次世代サービスに参入し、LINEや楽天といったインターネット企業も力を入れ始めた[6]。

中国では流通に軸足を置くアリババ、コミュニケーションを事業の中心に据えるテンセントの2強が競い合っている。日本でも数年遅れて流通系とコミュニケーション系がぶつかり、同じような状況になってきた。

フリマアプリではメルカリが激戦を勝ち抜き、短期間で5000億円近い市場をつくりあげてその6割を握った。競争を勝ち抜いた要因は使いやすいユーザーインターフェース(UI)、改善のスピードの速さ、そしてマーケティングの巧みさなどだ。

青柳は「これまでのメルカリの強さを全部引き継いだ上で、金融機関として必要な管理体制をつくる」と意気込む。メルカリの成功を再現できるか。前回と同じ、もしくはそれ以上に厳しい環境で、挑戦が再び始まる。

エピローグ

２０１８年6月20日。東京証券取引所のマザーズ市場に新規上場した翌日、東京・六本木のメルカリ本社の入り口には生花店のような景色が広がっていた。

廊下の両側はコチョウランの鉢植えが並ぶ。メルカリのロゴマークや、バリューの文言をモチーフにした凝った箱詰めの花も届き、会議室の前まで占拠していた。あたり一面が花の甘い香りに包まれていた。

こうした華やかな光景は一週間ほど続いただろうか。しおれた花から取り除かれていき、入り口の光景は通常に戻っていく。それと軌を一にして、株式市場のメルカリ株に対する評価も厳しさを増していった。

株価は上場初日に一時、公開価格の2倍に当たる６０００円に達したが、7月に入るころには４０００円台が定位置になっていた。

赤字拡大

8月9日午後3時過ぎ。メルカリ本社のイベントスペースにしつらえた50ほどの記者席は開場とほぼ同時に満席になった。まもなく、新規上場してから初となる決算発表が始まる。

壇上には会長の山田進太郎、社長の小泉文明、そして最高財務責任者（CFO）の長澤啓が並び、いつものTシャツではなく、ダークカラーのスーツ、そしてクールビズの期間であるにもかかわらず、ネクタイを着用していた。

この日に発表した2018年6月期の連結決算は、売上高が前期比62％増の357億円だった。主力の日本事業がけん引役となり、流通総額（GMV）は3700億円あまりに増えた[1]。前期より5割近く高い水準で「合格点」といえた。

一方、最終損益は70億円の赤字となり、赤字幅は前期よりも30億円近く膨らんでいた。

新規上場に際して山田は「創業者からの手紙」をしたため、ウェブサイトで公表した。こうした手紙はアマゾン・ドット・コムやグーグル、フェイスブックといった米国のインターネット企業では一般的だ。

アマゾンのCEO、ジェフ・ベゾスは毎年、株主に宛てた報告書に、最初の手紙の写しを添付している。「初心忘るべからず」ということだろう。

山田もこうした〝流儀〟にならった。6月19日には米大リーグで活躍した野茂英雄の写真をあしらった広告を新聞に出し、手紙の内容を伝えている。

「私は、野茂英雄さんの大ファンです」。手紙はこんな書き出しで始まる。野茂がバッシングを受けながらも大リーグに挑戦したこと、大方の予想を裏切って成果を上げたこと、やるべきことに焦点を絞り成功を手にしたことをつづり、野茂の軌跡にメルカリの挑戦を重ね合わせた。

手紙で山田は、『『新たな価値を生み出す世界的なマーケットプレイスを創る』というミッションの達成に向け、世界挑戦を続けている」と説明し、今後も人材、技術、海外への投資を続けると表明した。

「短期の収益性ではなく中長期での大きな成長を見据え（る）」という。「短期の収益性だけではなく」や「短期の収益性に加え」ではない。

山田は以前、「日本を捨ててでもUSを成功させたい」と話している。上場しても短期的な収益を追求するつもりは毛頭ない。むしろ、投資のために資金が必要なので新規上場するのだ——。山田の手紙はこう言っているのに等しいのだが、意図が十分に伝わっていたかというと疑わしい。

実際、決算会見では赤字に関する質問が相次いだ。

「黒字化のメドはいつか」。これが最初の質問だった。「現在はまだ成長を目指していくフェーズと考えている。いつまでに黒字化するとは明言できない」。山田は淡々と回答した。2018年6月期の赤字はまだ理解できるとしても、翌期の業績予想を開示しなかったことは多くの記者にとって想定外だった。

記者は方向性だけでも知りたいと食い下がるが、CFOの長澤は「関心事とは理解しているが、まだ成長フェーズにあり着地の予想は難しい」とかわした。

新規上場により株主数は6万人以上に膨らんだ。その全員が山田の言い分を聞き、中長期の成長を見守るわけではない。一部の株主の目には山田の姿勢が無責任と映り、創業者やベンチャーキャピタル（VC）が利益を確保するための「上場ゴールではないか」との声も上がった。

実際、決算発表の翌日から失望売りが膨らみ、株価は4日連続で下落した。一気に3000円台へと急降下し、9月18日には上場来安値の3020円まで下げた。公開価格を割り込む寸前だった。

メルカリ級事業をつくれ

株式市場からの風圧が増しているが、成長に向けた種まきは着々と続けていた。「えっ、もうやめるの!?」。7月20日、新規事業の開発を担う子会社、ソウゾウが「一部サービスの終了について」と記した通知を送ると、ユーザーや同業者の間で驚きの声が上がった。

即時買い取りサービスの「メルカリNOW」、教えたい人と教える人のマッチングサービス「teacha《ティーチャ》」、そしてブランド品のフリマアプリ「メルカリ　メゾンズ」を8月末までに終えるという。

メゾンズは2017年8月、NOWも同じ年の11月に始めたばかりだった。ティーチャにいたってはスタートからまだ3カ月しかたっていない[2]。

成長の見込めない製品やサービスをだらだらと延命するのは経営資源の有効活用などの観点から避けるべきことだが、一方でこれだけ早く見切るのも珍しかった。

2018年4月、ソウゾウは設立以来初となるトップ人事を実施している。社長の松本龍祐が決済事業のメルペイに専念し、後任に原田大作が就いた。

原田はブランド品のフリマアプリ「スマオク」を立ち上げた経験を持つ。スマオクの運営会社をメルカリが2017年に買収したのに伴い、メルカリに入った。メルカリにとって最初のM&A（合併・買収）だった。

メルカリは当初、自社の集客力を生かしてスマオクの事業を伸ばしていく方針だったが、ほどなくしてユーザーの急増にシステムが堪えられないことが明らかになる。スマオクに代わるサービスとして原田が中心になって開発したのがメゾンズだった。原田は短期間にプロダクトの立ち上げと幕引きを担うことになった。

上場企業として財務規律を保つために不採算事業を切ったのか──。こんな声もあったが、翌週になるとそれが誤りということが明らかになる。

ソウゾウは旅行をテーマとした新たな事業を立ち上げる方針を表明し、取材に応じた原田は「旅行の際の問題解決につながるプラットフォームを提供する」と説明した。エンジニアやデザイナーを新たに10人雇ったことも明らかにしている［3］。

リニューアルしたソウゾウのウェブサイトには「次のメルカリ級事業を創る」と記している。メルカリの初期のエンジニアのひとりである鶴岡達也がソウゾウの取締役に就き、管理部門の立ち上げを担った掛川紗矢香も取締役として参画した。

事業のフォーカスを絞り、事業の立ち上げを経験した人材を集めた。縮小ではなく、むしろ加速だった。

「GO BOLD（大胆にやろう）」を胸に、これからも「いいプロダクトをつくる」ことに邁進する――。これも山田が「創業者からの手紙」で書いた文言だが、基本線は変わっていなかったのだ。

これから

ソウゾウの事業の見直しが明らかになる少し前のことだ。メルカリは東京・六本木で毎年恒例の「周年記念パーティ」を開いた。5周年を祝う今回は一次会がホテル、二次会の会場はクラブだった。

社外の関係者も招いた二次会の会場は肩が触れあうほどの混雑だ。会場にはアップビートな曲が流れ、顔を寄せ合うか、ひと回り大きな声を出さないと話しづらい。若いメンバーの多いスタートアップ企業らしい光景だった。

会場を歩いていると、背後から呼び止められた。共同創業者の富島寛だ。

新規上場して変化はあったかと尋ねると、「あまり変わらない」と淡々と話す。創業者利益を手にしているのではと水を向けると、「あえていえば『キンドル』でマンガを買うとき、値段を見ずにボタンを押せるようになったくらい」とつつましやかだ。身につけているのも、着こんだ感の強いTシャツだった。

会話の途中でふと思い出したような表情を浮かべた。「実はひとつ伝えそびれていたことがあるんですよ」

メルカリが誕生する前の話だった。設立に必要な資本金の金額を決め、それを初期のメンバーに割り振った。富島は参画した経緯と責任の重さを考えると山田に次ぐ金額を出すことになったが、手持ちでは足りなかった。

200万円不足していることが分かると、山田は自分のポケットマネーから貸すことを申し出た。富島は山田宛に借用書を書き、毎月10万円ずつ返したという。スタートアップ企業は薄給なことが多く、設立当初のメルカリも例外ではない。富島は2年間、ぎりぎりの給料で生活していた。

こうした記憶は色濃く残っており、決して過去の話ではない。富島はツイッターのホーム画面を5年間変えず、いまだにメルカリのアプリを公開した日にメンバー全員で撮影した記念写真を使っている。

もう5年かまだ5年か。富島、そして山田をはじめとする多くのメルカリの初期のメンバーにとっては後者が実感に近いのだろう。振り返ればスタート地点はすぐに近くに見える。

「世界で使われるインターネットサービスを創る」。こんな思いを胸に起業してからまだ5年。新規上場こそしたものの、進んだ距離はこれっぽっちだ。世の中の評価はどうあれ、このあたりが実感に近いのではないだろうか。

筆者の考えていることを察したのか、富島は思いを語ってくれた。

「まだまだこれからですよ。今の10倍、いや100倍になったら、世界的なテクノロジー企業として認められるんじゃないかな」

こう言い残し、パーティ会場の人混みの中へと消えていった。

あとがき

2010年春からおよそ4年間、新聞記者として米シリコンバレー支局で働く機会を得た。

滞在中、世界のテクノロジーの中心地で様々なニュースに遭遇した。2011年10月、アップルの共同創業者であるスティーブ・ジョブズ氏が膵臓《すいぞう》がんで亡くなった。シリコンバレーのジョブズ氏の自宅前には近所の住民たちがろうそくやりんご、初代iPodといった製品を供え、希代の起業家の死を悼んだ。

それからおよそ半年後、今度はフェイスブックが新規上場する。8年前にハーバード大学の学生寮で生まれた交流サイト（SNS）の運営企業は、株式市場にデビューすると時価総額が1150億ドル（当時のレートで約9兆1000億円）を上回り、米国、世界を代表するインターネット企業になった。

シリコンバレーでは新しい企業が日々生まれ、大きく成長していく。全米ベンチャーキャピタル協会（NVCA）によると、スタートアップ企業の成長に欠かせないベンチャーキャピタル（VC）の投資のうち、米国向けの50％超がシリコンバレーを擁するカリフォルニア州の企業に集中している。

シリコンバレーは国外で生まれた人の割合も高い。シリコンバレーの経済や住環境などにまつわる報告書を毎年出しているシリコンバレーインデックスによれば、人口に占める外国生まれの比率は40％に迫り、米国全体（13・5％）のおよそ3倍の水準だ。

豊富な資金と世界の才能を呼び込み、次々と新しい企業を生み出していく――。これがシリコンバレーだった。もちろん成功物語だけではない。本文で取り上げたファブリックの堀井翔太氏が訪問した写真共有アプリを運営するカラーは派手に失敗した例だ。事前に4100万ドルもの資金を集めたにもかかわらず、プロダクトは鳴かず飛ばず。あっというまにシリコンバレーの一等地に構えたオフィスから姿を消した。

失敗談にも事欠かないが、いずれにしても起業はごくふつうの出来事だった。成功と失敗。いずれもごく身近にあり、勝者と敗者が簡単に入れ替わる。いがみ合っていたライバルが笑顔で握手を交わす一方、一枚岩と思われていたチームが割れ、ライバル関係になるのも日常茶飯事だった。

現在、シリコンバレーでは貧富の差の拡大や男性中心の企業文化などが非難を浴び、インターネット企業は独占や租税回避、プライバシー侵害と言った批判にさらされている。それでも、柔軟に資金や知恵を受け入れて、新しいものを次々と生み出していくダイナミズムがこの地域の魅力であることに変わりはないと思う。

そんなシリコンバレーから帰国し、ほどなくして知ったのがメルカリだった。きっかけはプロローグにも書いたが、当時は取締役だった小泉文明氏だった。ミクシィ出身者が設立したスタートアップ企業がオフィスを移転し、そのお披露目の会で別のミクシィ関係者から紹介を受けた。

もちろん、日本のスタートアップ企業やそのエコシステム（生態系）はシリコンバレーのそれと比べるときわめて小さい。この事実に直面して幻滅する仲間の記者もいたが、どういうわけか自分の場合は違った。

メルカリの資金調達を取材し、山田進太郎氏とつきあいのあった起業家が設立した企業が一斉に新規上場するタイミングがあると、その「人脈図」を紹介した。メルカリは配送の手間がフリマアプリの利用を広げる妨げになっていると考え、ヤマト運輸と共同で伝票の記入などが不要な仕組みをつくる。この話も小さなスタートアップ企業と大手企業の提携として取材、執筆した。

取材を続けても、すぐには分からないこともあった。なぜ起業経験者が続々と山田氏のもとに集まるのか。山田氏や経営陣が醸し出す親密さ、悪い言い方をすると内輪感はどこから生じているのか。なぜ、国内事業の足元も十分に固まっていない時期に海外を目指すのか。そして、後発にもかかわらずトップに躍り出た理由も謎だった。

こうした疑問を解き明かしたいと思ったのが本書を執筆した最大の理由である。その過程を通じて日本でインターネット分野のスタートアップ企業を立ち上げてきた人たちの素顔に迫り、シリコンバレーとの違いや共通点、両者のあいだの距離を知りたいとも考えた。

取材や執筆を通じてまず感じたのは、起業はひとりの天才の仕事ではないということだ。アップルのジョブズ氏にはスティーブ・ウォズニアック氏という相棒がおり、マイクロソフトのビル・ゲイツ氏もこのほど亡くなったポール・アレン氏という共同創業者がいた。起業家の伝記は創業者ひとりのサクセスストーリーとなりがちだが、必ずしもそうではないはずだ。メルカリの場合も富島寛氏、石塚亮氏という2人の共同創業者がいなければ、短い期間に大きな成果を上げることはできなかっただろう。

もうひとつの気づきは、タイミングの重要さだ。メルカリはファブリックが運営する「フリル」には遅れを取ったものの、資金力に勝る楽天やLINEなどの参入前にサービスを始めることができた。こうした企業が一足先に豊富な資金を注ぎ込んで市場をおさえていたとしたら、別の道をたどっていた可能性が高い。

「進太郎の運転するバイクの後席に座っている気分だった。このスピードでコーナーに突っ込んだら曲がりきれないのではと心配したが、結果としてぎりぎりのラインを選んで最速でコースを回った」。取材が終盤に差し掛かった2018年7月下旬、社外取締役の松山太河氏はこう語った。後発だが効率よく事業を進めたというのは、メルカリが成果を上げることができた要因のひとつといえる。

もちろん、起業が必ず成功する保証はない。いくら準備や学習を重ねて臨んでも、最終的に「運任せ」という要素は残る。それでも、経験から学ぶことにより、成功の確率を高めることができるはずだ。

山田氏はウノウの起業や売却を経験しており、2人の共同創業者も以前に起業している。他の多くの幹部も起業やスタートアップ企業の勤務を経て入社しており、こうした経験は足し算やかけ算の効果で力を増し、メルカリの成長の原動力となった。

日本では現在、新規上場や買収といったスタートアップ企業のエグジット（出口）の環境がよく、そこで得た資金を元手に再度起業するシリアルアントレプレナー（連続起業家）が増えている。「日本の起業は小粒」という冷めた声があるのも事実だが、経験を生かして再挑戦する人が増えれば状況はよくなると信じている。

本書は2014年からの断続的な取材のメモを土台としているが、多くの内容はこの半年ほどの間に実施した50人超の関係者への追加取材に基づいている。本文中ではいずれも敬称を省略させていただいた。取材はメルカリにとって一大イベントである新規上場の時期を挟んで実施しており、こうした難しい時期に時間を割いていただいたことに感謝している。

会長兼最高経営責任者（CEO）の山田氏の協力なしでは本書は誕生し得なかった。長時間にわたってインタビューに応じてもらった共同創業者の富島氏、石塚氏の記憶のおかげで多くの疑問点が氷解した。矢嶋聡氏や大塚早葉氏をはじめとする広報のメンバーには取材の調整、立ち会い、事実関係の確認で助けていただいた。

メルカリを中心としたストーリーであるにもかかわらず、快く協力してくださったライバル企業、社外の皆さんにも感謝申し上げたい。全員のお名前を記すことはできないが、ファブリックの堀井氏については触れておきたい。

取材ではフリマアプリが誕生した経緯やそのときどきの競争の状況について詳しく語ってくれた。堀井氏はファブリックが楽天の傘下に入って2年という節目を待たず、楽天グループを離れた。「玄人集団」や巨大資本との戦いを通じて得た経験をどう生かしていくのか、注目している。

最後に「身内」にも言及させていただきたい。本書の米国にまつわる部分は、BSジャパン（現BSテレビ東京）「日経プラス10」、中国に関連する内容はプレミアム・プラットフォーム・ジャパン（ＰＰＪ）「日経テックライブＸ」のために取材した内容を含んでいる。取材の機会を設けてくれた関係者に感謝している。

執筆中、読書家の父からメールが届いた。そこには励ましの言葉とともに「歴史の評価が定まっていない人物や出来事について執筆するのには困難が伴う」と記されていた。

このときはその重大さを実感することはなかったが、時間の経過とともにずしんと響くようになっていった。メルカリへの評価が定まっていないことはもちろんだが、事態は動き続けている。新たな事象が発生するたびに立ち止まって考え、軌道修正し、悩みながら書き進めることになった。

日経ＢＰ社の中川ヒロミ氏の叱咤激励がなければ、こうした状況を乗り越えてゴールまでたどり着くことはできなかったはずだ。週末を執筆に充てることを許し、最初の読者として原稿の精度を高めることに協力してくれた妻にも感謝の気持ちを伝えたい。

２０１８年10月

奥平　和行

取得について」（2012年9月11日）
3　ヤフー・コミュニティファクトリー　プレスリリース「女子向けフリマアプリ『ClooShe』（クロシェ）を公開」（2013年11月7日）
4　メルカリ　プレスリリース「メルカリグループのソウゾウ、新アプリ『メルカリ アッテ』を提供開始」（2016年3月17日）
5　PlusParavi　中国で見たキャッシュレス革命とフィンテックの未来（2018年4月13日）
6　日本経済新聞　スマホ決済、日本乱戦（2018年7月26日）

エピローグ

1　メルカリ　平成30年6月期連結決算短信（2018年8月9日）
2　メルカリ　プレスリリース「学びのフリマアプリ『teacha』提供開始」（2018年4月25日）
3　日本経済新聞　メルカリ、旅行関連に参入（2018年7月28日）

7　Financial Times　Head of troubled Google Fiber steps down（2017年7月18日）
8　日経産業新聞　「青いメルカリ」が未来占う（2018年6月20日）

第10章

1　メルカリ　プレスリリース「新体制の発表」（2017年4月14日）
2　メルカリ　プレスリリース「安心・安全への取組みについて」（2017年4月27日）
3　プレジデント　急成長「メルカリ」にはどんな法的リスクがあるか（2017年1月16日）
4　週刊新潮　「メルカリ」上場は是か非か（2017年8月10日）
5　週刊新潮　「メルカリ」は泥棒市場だ（2017年8月31日）
6　メルカリ　新株式発行並びに株式売出届出目論見書（2018年5月）
7　メルカリ　プレスリリース「フリマアプリ『メルカリ』仕様変更のお知らせ」（2017年11月14日）
8　メルカリ　新株式発行並びに株式売出届出目論見書（2018年5月）

第11章

1　DMM.com　プレスリリース「DMMグループ本社移転のお知らせ」（2017年2月23日）
2　ABBALab　プレスリリース「『ABBALab IoEファンド1号投資事業有限責任組合』を組成、投資を開始」（2016年7月12日）
3　メルカリ　プレスリリース「社会実装を目的とした研究開発組織『mercari R4D（アールフォーディー）』を設立」（2017年12月22日）
4　HuffPost 15 Things Google CEO Sundar Pichai Revealed About Himself At His Alma Mater IIT Kharagpur（2017年5月1日）

第12章

1　メルカリ　プレスリリース「青柳直樹が金融関連の新規事業を行うメルペイ社の代表に就任」（2017年12月4日）
2　ヤフー　プレスリリース「株式会社コミュニティファクトリーの全株式

7　メルカリ　新株式発行並びに株式売出届出目論見書（2018年5月）
8　マムズフリマブログ　マムズフリマサービス終了のお知らせ（2014年8月26日）
9　楽天　プレスリリース「新サービスのフリーマーケットアプリ『ラクマ』を提供開始（2014年11月17日）
10　コロプラ　プレスリリース「女性向けフリマアプリ『Fril（フリル）』を運営する株式会社Fablicに出資」（2014年9月25日）
11　メルカリ　プレスリリース「日本最大のフリマアプリ『メルカリ』、総額約84億円の資金調達を実施」（2016年3月2日）
12　楽天　プレスリリース「フリマアプリ『フリル（FRIL）』を提供するFablic社を買収」（2016年9月5日）

第7章

1　鈴木健　『なめらかな社会とその敵』（勁草書房、2013年）
2　毎日新聞　考事現場　早稲田祭中止の波紋　存在意義を考える機会に（1997年8月22日）
3　メルカリ　プレスリリース「新人事制度『merci box（メルシーボックス）』導入のお知らせ」（2016年2月1日）

第8章

1　Poshmark　プレスリリース「Mobile Fashion Marketplace Poshmark Raises $12M Series B Led by Menlo Ventures」（2012年12月4日）

第9章

1　メルカリ　新株式発行並びに株式売出届出目論見書（2018年5月）
2　クリスティーナ・ウォドキー　『OKR』（日経BP社、2018年）
3　メルカリ　新株式発行並びに株式売出届出目論見書（2018年5月）
4　同上
5　Bloomberg　Google Wins Japan's Mobile Net Battle（2008年2月16日）
6　メルカリ　プレスリリース「元Facebook社VPのジョン・ラーゲリンがマネジメントチームに参画」（2017年6月22日）

7　ソフトバンク　プレスリリース「『ロックユーアジア』の本格始動について」（2009年2月27日）

第3章

1　荒井久　『ビットバレーの鼓動』（日経BP企画、2000年）
2　メルカリ　プレスリリース「RockYou創業メンバー石塚亮が参画しました」（2013年5月14日）

第4章

1　アウンコンサルティング　プレスリリース「世界40カ国、主要OS・機種シェア状況　【2018年9月】」（2018年9月27日）

第5章

1　日経MJ　若い女性、気軽にCtoC（2013年11月27日）
2　shotahorii.com　2度シリコンバレーへ（2011年9月25日）
3　THE BRIDGE　FrilとMONOCO——新進気鋭Eコマース創業者のFablic堀井氏とFlutterScape柿山氏に話を聞く（2013年4月24日）

第6章

1　ユナイテッド　プレスリリース「スマホアプリ『CocoPPa（ココッパ）』、全世界累計1,200万ダウンロード突破」（2013年7月31日）
2　ユナイテッド　IRリリース「株式会社コウゾウとの資本・業務提携に向けた基本合意に関するお知らせ」（2013年8月13日）
3　コウゾウ　プレスリリース「増資完了と新任取締役について」（2013年9月2日）
4　メルカリ　プレスリリース「元ミクシィ取締役CFO小泉文明参画について」（2013年12月16日）
5　コロプラ　プレスリリース「『クイズRPG 魔法使いと黒猫のウィズ』が累計3,000万ダウンロードを突破」（2014年9月30日）
6　メルカリ　プレスリリース「フリマアプリ『メルカリ』、14.5億円を調達し、アメリカ展開へ」（2014年3月31日）

参考資料

プロローグ

1　メルカリ　プレスリリース「フリマアプリ『メルカリ』、500万ダウンロード突破とアメリカでのサービスローンチのお知らせ」（2014年9月16日）
2　メルカリ　新株式発行並びに株式売出届出目論見書（2018年5月）
3　日本経済新聞電子版　メルカリ上場、成否は？（2018年6月18日）
4　中小企業庁　2017年版「中小企業白書」（2017年4月）
5　経済産業省　電子商取引に関する市場調査の結果（2018年4月25日）

第1章

1　SUADD（山田進太郎）BLOG　ZYNGAのウノウ買収にあたって（2010年8月6日）
2　佐々木裕一『ソーシャルメディア四半世紀』（日本経済新聞出版社、2018年）
3　ミクシィ　mixiアプリカンファレンス2009イベントレポート（2009年）
4　Zynga　FORM S-1REGISTRATION STATEMENT（2011年7月1日）
5　SUADD BLOG　Zynga Japanを退社します（2012年1月16日）

第2章

1　SUADD BLOG　世界半周で学んだこと（2012年4月27日）
2　SUADD BLOG　世界一周を終えていまの気持ち（2012年10月15日）
3　Gartner　プレスリリース「Gartner Says Annual Smartphone Sales Surpassed Sales of Feature Phones for the First Time in 2013」（2014年2月13日）
4　総務省　平成29年版「情報通信白書」（2017年）
5　LINE　新規上場申請のための有価証券報告書（2016年6月10日）
6　VentureBeat　Sequoia invests $1.5 in slideshow start-up RockYou（2006年6月19日）

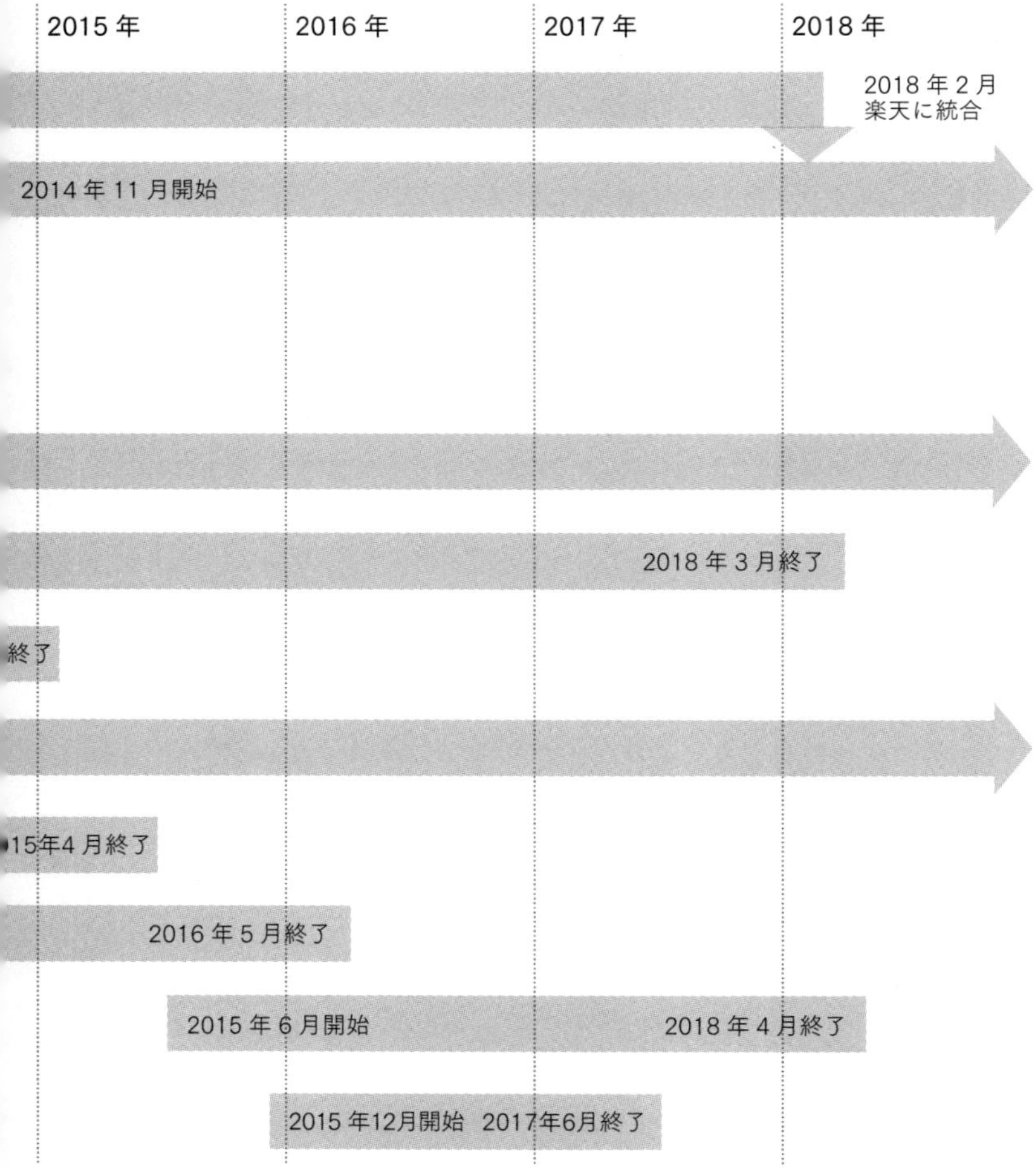

2015年
2016年
2017年
2018年
2018年2月
楽天に統合
2014年11月開始
2018年3月終了
終了
15年4月終了
2016年5月終了
2015年6月開始
2018年4月終了
2015年12月開始
2017年6月終了

フリマアプリの歴史

2012年以降、多くのフリマアプリが誕生したが、その多くが2018年までに姿を消した。

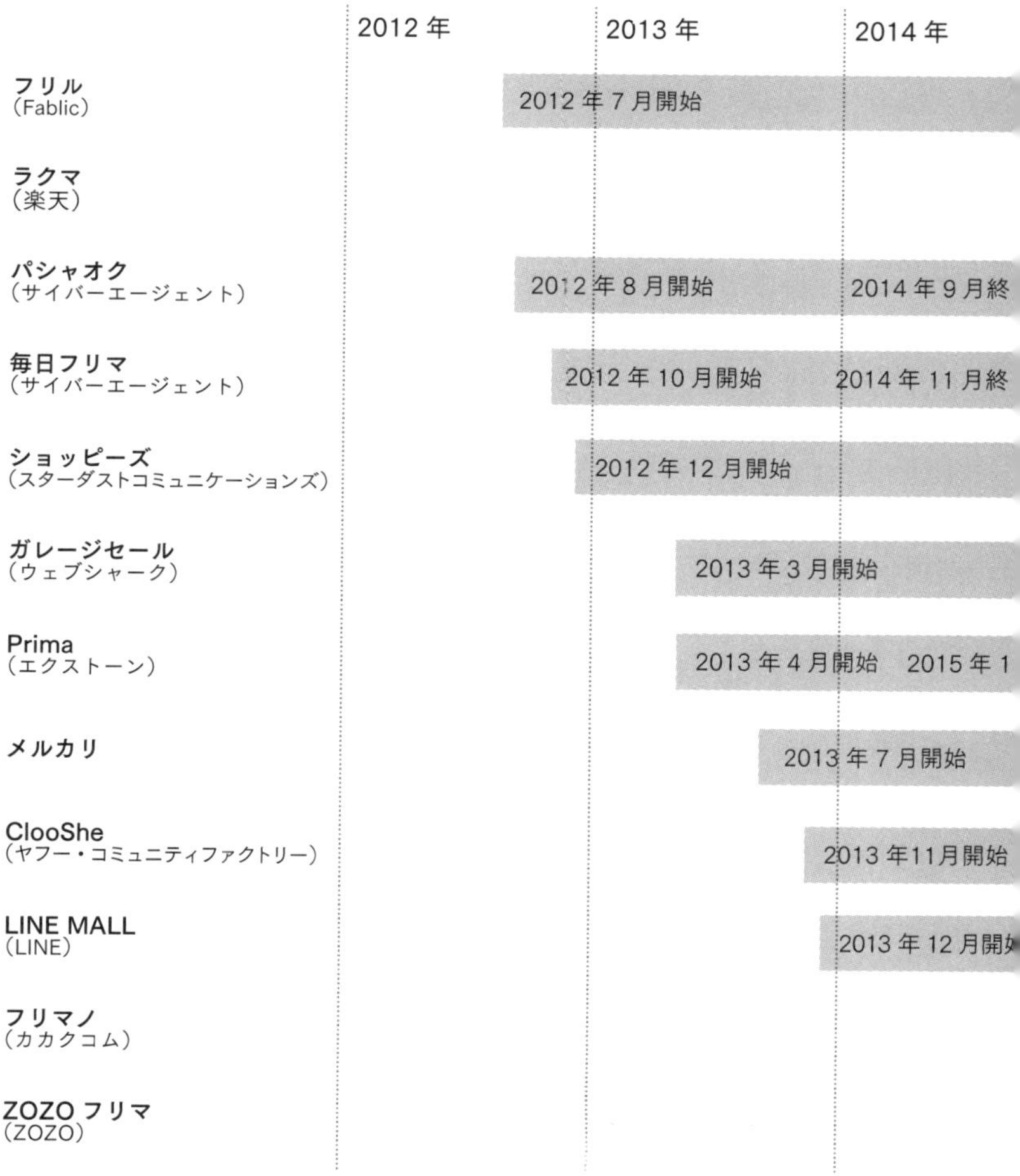

著者プロフィール

奥平 和行（おくだいら・かずゆき）

1999年、日本経済新聞社入社。東京本社編集局産業部（現企業報道部）に配属となり、商社、自動車、電機、通信などの業界を担当。2010 ～ 2014年には米シリコンバレー支局でITやスタートアップを取材した。2017年より編集委員。IT、自動車、スタートアップなどをカバーする。

メルカリ

希代のスタートアップ、野心と焦りと挑戦の5年間

2018年 11月26日　第1版第1刷発行
2018年 12月19日　第1版第3刷発行

著　者　奥平 和行
発行者　村上 広樹
発　行　日経BP社
発　売　日経BPマーケティング
〒105-8308　東京都港区虎ノ門4-3-12
装　幀　坂川 朱音
編　集　中川 ヒロミ
制　作　アーティザンカンパニー株式会社
印刷・製本　中央精版印刷株式会社

本書籍に関するお問い合わせ、ご連絡は下記にて承ります。
https://nkbp.jp/booksQA

ISBN978-4-8222-8950-8　